Französische Bulldogge und Kind

Ratgeber zur Kind-Hund-Beziehung

Training, Erziehung und Spiele, um Angst, Knurren und Beißen bei Französischen Bulldoggen zu verhindern

Claudia Kaiser

EXPERTEN GRUPPE VERLAG

INHALTSVERZEICHNIS

Über die Autorin

Claudia Kaiser lebt zusammen mit ihrem Mann und ihren beiden Hunden Danny (2 Jahre) und Daika (8 Jahre) auf einem alten Gehöft im schönen Rheinland. Zunächst nur als Hundehalter und nun schon seit über 20 Jahren in der aktiven Hundeausbildung hat sie viele Erfahrungen gesammelt und viele Hundebesitzer auf ihrem Weg in der Erziehung ihrer Französischen Bulldogge begleitet. Um diese Erfahrungen nicht mehr nur an einen kleinen Kreis von Hundebesitzern in persönlichen Coachings oder der örtlichen Hundeschule weitergeben zu können, entstand die Idee zu diesen Büchern. Nach langer Recherche-, Schreib- und Korrekturarbeit kam schlussendlich dieser Ratgeber dabei heraus. Er soll jedem Französische Bulldoggen Halter einen Leitfaden an die Hand geben, um seinen Hund optimal in die Familie zu integrieren und Probleme im Idealfall schon vor dem Entstehen zu verhindern. Denn jede Französische Bulldogge ist es wert, den Familienalltag auf sie anzupassen.

Wer sich an die Tipps und Hinweise in diesem Ratgeber hält, der kann sich sicher sein, dass er viele Jahre lang Freude an einem großartigen Begleiter haben wird, der ein wichtiges Familienmitglied sein wird.

VORWORT

Es gab eine Zeit, da war es selbstverständlich, dass Kinder zusammen mit Tieren aufwachsen. Doch heute ist teilweise schon die Generation der Großeltern nicht mehr mit dem Umgang von Tieren von klein an vertraut. War es früher selbstverständlich, dass das Wissen um den Umgang und das Verhalten von Tieren von Generation zu Generation weitergegeben wurde, ist dieses Wissen heutzutage häufig komplett verloren gegangen. Als Folge daraus reagieren viele Eltern entweder mit einer übertriebenen Vorsicht, was den Umgang ihrer Kinder mit Tieren betrifft, oder sie gehen unangemessen leichtfertig damit um. Es fehlt an grundsätzlichem Wissen und die nicht vorhandene Erfahrung erschwert das intuitive Handeln. Die Folge daraus ist eine große Unsicherheit, die leider allzu häufig dazu führt, dass tierlos aufgewachsene Eltern das gleiche Schicksal für ihre Kinder erwählen.

Doch Du möchtest es anders machen. Du möchtest Deinem Kind die großartige Möglichkeit bieten, zusammen mit einer Französischen Bulldogge aufzuwachsen und für diese wunderbare Entscheidung möchte ich Dir von Herzen gratulieren. Abgesehen davon, dass mehrere Studien belegen, wie positiv sich die Beziehung zu einem Hund auf die Entwicklung von Kindern auswirkt, finde ich es unglaublich lobenswert, dass Du Deinem Kind diese Erfahrung ermöglichst. Denn nicht nur das

Zusammenleben mit Tieren hat sich in den letzten 100 Jahren stark verändert – das Familienleben an sich steht dem in Nichts nach.

War es früher noch üblich, dass Kinder in Großfamilien lebten, ist es heute schon fast etwas Besonderes, wenn es mehr als ein Geschwisterkind gibt. Das Zusammenleben von mehreren Generationen unter einem Dach ist ebenfalls eine Seltenheit geworden. Für die Kinder bedeutet das: War vor Generationen immer jemand da, sei es eine aufmerksame Großmutter oder genügend Spielkameraden, so verbringen sie heute deutlich mehr Zeit allein oder kommunizieren über Social Media, statt im Wald ein Baumhaus zu bauen.

Ein Hund kann in so einer Situation viel verändern. Wichtig dabei ist jedoch, dass er richtig in die Familie integriert wird. Und genau dafür ist dieser Ratgeber da. Er soll Dir die Mensch-Hund-Kind-Beziehung aus mehreren Blickwinkeln beleuchten, Verständnis für alle beteiligten Parteien schaffen und Handlungsfelder aufzeigen. Nach dem Lesen dieses Ratgebers sollst Du in der Lage sein, Deinen Hund optimal in euer Familienleben zu integrieren, ohne dabei seine Bedürfnisse zu vernachlässigen oder ihn mit zu hohen Ansprüchen zu überfordern. Denn eines sollte Dir von Beginn an klar sein: Ein Familienhund wie Lassie, der alles kann und sich in jeder Situation vorbildlich verhält, ohne dass die Familie viel Zeit auf Training verwenden muss, ist und bleibt ein Märchen.

Ein Hund ist ein Hund und wird auch immer ein Hund bleiben. Damit er sich dennoch perfekt in eure Familie integriert, sind klare Regeln, viel Training und vor allem eine große Portion Durchhaltevermögen und liebevolles Verständnis vonnöten. Schaffst Du das jedoch, wird Deine Französische Bulldogge zu einem zentralen Ankerpunkt eurer Familie, den niemand so schnell missen möchte. Du hast jetzt die Möglichkeit, das Zusammenleben von Mensch und Hund für Dein Kind zu einer Selbstverständlichkeit zu machen. Ich wünsche Dir dabei viel Erfolg und bin mir sicher, dass Dir dieser Ratgeber dabei helfen wird.

- Kapitel 1 -

DIE FRANZÖSISCHE BULLDOGGE ALS FAMILIENHUND

Gemäß der Weltorganisation der Kynologie (FCI) gibt es über 350 verschiedene Hunderassen. Deine Französische Bulldogge ist dabei nur eine Rasse von vielen. Dennoch hast Du Dich gerade für diese Rasse entschieden und fragst Dich jetzt vielleicht, ob die Entscheidung richtig war.

„Taugt die Französische Bulldogge überhaut als Familienhund?“

„Was gibt es über die Rasse zu wissen und passen diese Merkmale zu einem Familienhund?“

„Ist es besser, eine ausgewachsene Französische Bulldogge in Deine Familie aufzunehmen oder startest Du besser mit einem Welpen ganz von vorne?“

All diese Fragen werde ich Dir auf den nächsten Seiten beantworten. Du wirst erfahren, was die Französische Bulldogge als Rasse so besonders macht, welche Anforderungen allgemein an einen Familienhund gestellt werden und inwieweit Deine Französische Bulldogge diese erfüllt. Außerdem gehen wir genauer darauf ein, ob ein erwachsener Hund oder ein Welpe besser zu euch passt und was es zu beachten gilt, wenn ihr euch jetzt eine Französische Bulldogge in euer Zuhause holt.

WAS DU ÜBER DEINE FRANZÖSISCHE BULLDOGGE WISSEN MUSST

Die Französische Bulldogge ist eigentlich nicht das, was der Name vermuten lässt. Denn sie stammt ursprünglich nicht aus Frankreich, sondern aus Großbritannien. Von dort haben sie hauptsächlich Künstler, die sich in Frankreich angesiedelt haben, mit ins kontinentale Europa gebracht und später ihre Namensgebung stark beeinflusst. Äußerlich ähnelt sie daher sehr stark der englischen Bulldogge in ihrem stämmigen Körperbau, mit dem großen Kopf und dem verkürzten Oberkiefer- und Nasenbereich.

Im Schnitt wird eine Französische Bulldogge im Gegensatz zu ihren Ahnen nicht größer als 35 cm im Widerriss und sollte nicht mehr als 14 kg wiegen. Die aufrechtstehenden, spitzen Ohren und die vielen Falten um die Schnauze geben ihr ein unvergleichliches Äußeres, das von vielen Haltern auf Anhieb liebgewonnen wird.

Das kleine und stämmige Äußere lässt schnell vermuten, dass es sich bei der Französischen Bulldogge um einen eher ruhigen Hund handelt, doch das ist falsch gedacht. Ganz im Gegenteil handelt es sich hierbei um eine besonders aktive Rasse, die ein lebhaftes, verspieltes und sehr einnehmendes Wesen aufweist. Du solltest daher den Bewegungsdrang Deines kleinen Freundes nicht unterschätzen.

Für einen Sportliebhaber, der einen Hund sucht, mit dem er Joggen gehen oder Radfahren kann, ist die Französische Bulldogge jedoch die falsche Rasse. Durch die Gegebenheiten ihrer Anatomie neigt die Französische Bulldogge nämlich zur Kurzatmigkeit, was ihr bei Ausdauersport in die Quere kommt. Für ausgiebige Spaziergänge oder das Spielen mit Artgenossen reicht es allerdings vollkommen aus. Und Dein kleiner Vierbeiner wird es lieben.

Wichtig zu wissen ist darüber hinaus auch, dass Deine Französische Bulldogge aufgrund ihrer Anatomie auch nicht gut schwimmen kann. Sowohl die kurzen Beine als auch der vorne liegende Körperschwerpunkt machen ihr das Schwimmen nicht leicht. Ein Stöckchen in einen See oder Fluss zu werfen, solltest Du Dir aus diesem Grund gut überlegen.

Für die Wohnungshaltung ist sie aber geeignet, sofern sie genügend Auslauf erhält. Ein weiterer schöner Aspekt ist, dass Deine Französische Bulldogge nur selten dazu neigt, Laut zu geben, weshalb sie bei Nachbarn selten negativ auffällt.

Mit Kindern kommt sie ebenfalls bestens zurecht und liebt es regelrecht, mit ihnen zu toben und zu spielen. Der Umgang mit anderen Artgenossen ist für Deine Bulldogge sehr wichtig. Sie weiß das Spiel und den Austausch zu schätzen und wird es Dir Danken, wenn Du ihr diesen ermöglichst.

Du hast Dich wahrlich für eine großartige Rasse entschieden. Nachfolgend findest Du daher ergänzend noch ein Rassenkurzportrait, das den gültigen Standard des FCI wiedergibt.

Zwar reichen diese Seiten noch nicht aus, um diese großartige Rasse in ihrer Gänze wiederzugeben, aber ich hoffe, dass ich Dir ein Bild davon zeichnen konnte, was Deine Französische Bulldogge wirklich ausmacht. Natürlich gibt es bei jeder Rasse Exemplare, die dieser Beschreibung nicht vollkommen entsprechen und manche Merkmale deutlich stärker oder eben schwächer ausgeprägt haben. Im Groben und Ganzen sollte es Dir jedoch möglich sein, Deine Französische Bulldogge in dieser Beschreibung wiederzuerkennen.[1]

---

[1] Möchtest Du zusätzlich noch etwas über die Erziehung, das Training und die Pflege Deiner Französischen Bulldogge erfahren, empfehle ich Dir die ersten drei Bücher dieser Reihe. Genaue Informationen zu den drei Büchern findest Du am Ende dieses Ratgebers.

Rassenkurzportrait:

Bild	
Herkunftsland	England
Charakter	Kontaktfreudig, lebhaft, verspielt, aufgeweckt, einnehmend
Widerristhöhe	Rüden: 27 - 35 cm Hündinnen: 24 - 32 cm
Gewicht	Rüden: 9 - 14 kg Hündinnen: 8 - 13 kg
Allgemeines Erscheinungsbild	Kleinformatig, kräftig, gedrungen, muskulös
Augen	Deutlich sichtbar, bemerkenswert lebhaft, tief eingesetzt
Ohren	Mittelgroß, aufrecht getragen
Fell und Farbe	Enganliegendes, glänzendes und weiches Kurzhaar ohne Unterwolle
FCI-Klassifikation	Gruppe 9: Gesellschafts- und Begleithunde Sektion 11: doggenartige Hunde

Verwendung	Gesellschafts-, Wach- und Begleithund
Besonderheiten	Kann nicht schwimmen und schnarcht häufig
Gesundheit	Augen und Augenfalten sind sehr empfindlich, haben eine Neigung zu Futtermittelallergien und sind meist kurzatmig

ANFORDERUNGEN AN EINEN FAMILIENHUND

Der Mythos des perfekten Familienhundes wird vor allem durch die Filmbranche stetig mit neuem Futter versorgt und weiter ausgebaut. Doch was genau zeichnet einen Familienhund aus und welche Eigenschaften sollte er besitzen?

Ich persönlich habe die Erfahrung gemacht, dass ein Familienhund über die folgenden neun Eigenschaften verfügen sollte:

- Eine freundliche Grundstimmung gegenüber seinen aber auch fremden Menschen
- Eine hohe Reizschwelle
- Eine große Sicherheit und Gelassenheit in allen Alltagssituationen
- Eine Bereitschaft, sich unterzuordnen
- Eine genügende körperliche Robustheit
- Ein verträglicher Umgang mit anderen Artgenossen
- Eine große Spielbereitschaft
- Eine große Lernfreude
- Ein ausgeglichenes Temperament

Wahrscheinlich denkst Du Dir jetzt, dass das ganz schön viel ist, was Dein vierbeiniger Freund alles mitbringen muss und dem ist tatsächlich so. Es ist mir wichtig, dass Du von Beginn an verstehst, dass an einen Familienhund vollkommen andere Ansprüche gestellt werden als an einen Hund, der ausschließlich mit Erwachsenen zusammenlebt. Kinder verhalten sich oft impulsiv und können mit einem Tier unvorsichtiger umgehen als ein Erwachsener. Dazu kommt, dass sie deutlich verletzlicher sind und die Konsequenzen ihrer Handlungen selten richtig abschätzen können. So sehr ich Tiere liebe, steht das Wohl eines Kindes bei mir immer an erster Stelle und genau aus diesem Grund vertrete ich die Überzeugung, dass ein Familienhund daher einige Anforderungen erfüllen muss. Nur so lässt es sich vermeiden, dass es zu einem tragischen Unglück kommt, das kein Hundehalter erleben möchte.

Doch gehen wir auf die einzelnen Anforderungspunkte einmal genauer ein. An sich sollte es selbstverständlich sein, dass ein Hund mit einer aggressiven Grundstimmung gegenüber Menschen nicht als Familienhund geeignet ist. Im Grunde wird dieser Punkt auch von den meisten problemlos akzeptiert, denn ein Hund, der zu Aggressivität neigt, muss souverän geführt werden und bestimmte Stresssituationen sollten allgemein vermieden werden. Doch zu aggressivem Verhalten gehört für mich auch, dass ein Hund sein Futter massiv gegenüber Menschen verteidigt, und das kommt in deutschen Haushalten öfters vor, als mir lieb ist. Gerade im Zusammenspiel mit Kleinkindern kann dieses Verhalten zu einer echten Gefahr werden. Ein Kind kann die drohende Gefahr durch den sonst lieben

Hund selten richtig einschätzen und sieht es daher nicht ein, das heruntergefallene Wurstbrot dem Hund zu überlassen. Die unausweichliche „Korrektur“ des Kindes durch den Hund kann zu schwerwiegenden Verletzungen führen. Die freundliche Grundstimmung gegenüber Menschen ist für mich daher in allen Situationen ein absolutes Muss, wenn Kinder im Spiel sind. Natürlich hat auch ein Hund mit dem oben beschriebenen Verhalten noch alle Möglichkeiten und kann bei konsequentem und liebvollem Training ein nahezu normales Hundeleben führen. In einer Familie mit Kleinkindern hat er nach meinem Dafürhalten aber nichts verloren.

Eine hohe Reizschwelle ist insbesondere bei kleinen Kindern wichtig. Ein Hund, der eine geringe Reizschwelle hat, bei lautem Geschrei aufgeregt durch die Gegend läuft und sich bei Trubel sofort verzieht, wird in einer Familie kein glückliches Hundeleben führen. Denn er wird mit dem regelmäßigen Besuch nicht zurechtkommen, der deutlich erhöhte Geräuschpegel wird ihn regelmäßig quälen und das wilde Toben wird für ihn kaum auszuhalten sein. Ein Hund, der auf diese Reize kaum reagiert und sie gut aushalten kann, wird deutlich besser in eine Familie passen.

Hieran schließt sich direkt der nächste Punkt an – die hohe Gelassenheit in Alltagssituationen. Ein Familienhund muss damit umgehen können, wenn das Kleinkind vor Wut schreiend auf dem Boden liegt, weil es keine Schokolade bekommt. Auch die laute Musik aus dem Zimmer des Teenagers sollte ihn ebenso wenig stören, wie herabfallende Gegenstände am Essenstisch. All das ist für Hunde, die über wenig Gelassenheit verfügen, nur schwer bis gar nicht zu ertragen. Ich kann Dir jetzt schon sagen, dass diese Hunde kein wirklich glückliches Leben in einer Familie führen können, da sie den ganzen Tag über viel Stress ausgesetzt sind und das willst Du doch nicht, oder? Besonders positiv ist es, wenn der Familienhund auch gegenüber akustischen und optischen Reizen gelassen reagiert. Knallt beim Spazieren gehen plötzlich eine Autotür zu – ein gelassener Hund schaut vielleicht auf, läuft aber niemals panisch davon. Fährt plötzlich ein Krankenwagen mit Sirene vorbei – ein gelassener Hund schaut vielleicht ebenfalls auf und bleibt kurz stehen, aber er läuft niemals panisch davon. Wie wichtig diese Eigenschaft ist, zeigt sich insbesondere dann, wenn nicht Du, sondern Dein Kind am anderen Ende der Leine hängt. Selbst bei einem so kleinen Hund wie Deiner Französischen Bulldogge kann es zu schlimmen Konsequenzen führen, wenn sie panisch an der Leine zieht. Zwar ist die Gefahr, dass Dein Kind hierbei hinterhergezogen wird, im Gegensatz zu einem Bernhardiner deutlich geringer, aber dennoch kann Dein Kind dadurch selbst in eine gefährliche Situation gebracht werden. Der panische Hund wird seine gesamte Aufmerksamkeit beanspruchen und so bemerkt es vielleicht ein Auto oder eine andere Gefahrenquelle nicht. Daher glaube mir, wenn ich sage, dass ein Familienhund eine hohe Gelassenheit in Alltagssituationen benötigt.

Kommen wir zum Punkt der Unterordnungsbereitschaft. Wenn ich ehrlich bin, gefällt mir das Wort „Unterordnen“ überhaupt nicht. Denn viele verbinden damit etwas vollkommen Falsches. Hierbei geht es nicht darum, dass sich Dein Hund klein machen muss und Dich als „Herrscher“ oder auch „Rudelführer“ akzeptieren muss. Nach meinem Verständnis unterscheidet sich die Mensch-Hund-Beziehung gar nicht so sehr von der Eltern-Kind-Beziehung. Hunde leben wie wir in familiären Strukturen. Daher ist es wichtig, dass der Mensch den Hund gewissenhaft durchs Leben führt, ähnlich wie Eltern es für ihre Kinder tun. Er ist für ihn verantwortlich und gibt ihm Sicherheit. Da jeder Hund sein eigenes Wesen hat, ist es wünschenswert und förderlich, wenn dieses Wesen und sein Charakter in die Beziehung ebenso einfließen, wie das Wesen des Menschen. Doch wie bei der Eltern-Kind-Beziehung muss auch der Hund erkennen, dass der Mensch derjenige ist, der die Entscheidungen trifft. Das macht er jedoch nur, wenn sich der Mensch für ihn als verantwortungsvolles und umsichtiges Familienoberhaupt erweist. Nur dann ist er Willens, sich in der Familienstruktur unterhalb des Menschen einzuordnen. Hunde, die sehr selbstbewusst und selbstständig sind, stellen diese Hierarchie gerne in Frage und neigen zu Dominanzverhalten. Daher sollten sie nur von Menschen mit ausreichend Erfahrung gehalten werden.

Da Kinder ihre Bewegungen nicht immer zu Einhundert Prozent kontrollieren können und auch schon mal ruppiger sind als gewollt, ist eine gewisse körperliche Robustheit bei Familienhunden wichtig. Wenn sich der freudige Dreijährige mit Begeisterung auf seinen Hund fallen lässt, sollte dieser das aushalten können. Auch kommt es gerade bei Kleinkindern vor, dass sie Spielzeuge oder andere Gegenstände auf den Hund fallen lassen. Besonders anfällige Hunde könnte dies unnötig stressen. Außerdem kann es dazu führen, dass der Hund die Nähe des Kindes meidet, was dieses nicht verstehen wird und ihm nachjagen will, was unweigerlich zu einer Teufelsspirale wird, die allzu häufig in Tränen endet.

Zu Tränen führt es des Weiteren häufig, wenn sich Dein Hund nicht mit seinen Artgenossen verträgt. Es klingt zwar seltsam, aber gerade bei Familienhunden ist es wichtig, dass sie nicht nur gegenüber Menschen, sondern auch gegenüber Artgenossen keine Aggressivität zeigen. Wieso ist das so? Die Antwort darauf ist recht simpel: Dein Leben spielt sich nicht nur in Deinen eigenen vier Wänden ab. Du wirst mit Deinem Hund zwangsläufig regelmäßig spazieren gehen und wenn er dabei laut bellend jeden anderen Hund anfällt, werden eure Spaziergänge gerade mit Kindern schnell zur unangenehmen Aufgabe, die niemand erledigen möchte – von der Verletzungsgefahr für Mensch und Tier einmal ganz abgesehen. Außerdem kann es sein, dass Deine Kinder plötzlich Angst vor ihrem sonst immer lieben Spielkameraden entwickeln, was die Beziehung langfristig stören kann. Eventuell hegt ihr auch eine Freundschaft zu einer anderen Familie, die ebenfalls einen Hund hat. Gemeinsame Unternehmungen können durch eine erhöhte Aggressivität schnell zur Seltenheit werden. Die beiden Hunde müssen keine besten Freunde werden, es ist aber wichtig, dass Dein Familienhund andere Hunde zumindest toleriert.

Die beiden Punkte Spielfreude und Lernbereitschaft passen sehr gut zusammen, da das Eine selten ohne das Andere auftritt. Auf den ersten Blick wirkt es vielleicht seltsam, dass ich diese beiden Punkte als Anforderungen für einen Familienhund aufzähle. Doch wenn wir genauer hinschauen, ergeben sie durchaus Sinn. Kinder haben in der Regel ein großes Interesse daran, etwas gemeinsam mit ihrem Hund zu erleben. Ist dieser jedoch sehr selbstständig und orientiert sich wenig am Menschen, kann dies schnell zu einer Enttäuschung führen, die das Familienleben stark beeinträchtigen wird. Daher sind Hunde, die sich auch als Erwachsene noch gerne mit ihrem Menschen beschäftigen und mit Begeisterung auf Spiele eingehen – auch wenn diese aus Hundesicht vollkommen sinnlos sind – genau richtig für eine Familie.

Wie bei allem im Leben geht es aber auch bei der Spielfreude und Lernbereitschaft um das richtige Maß. Ein Hund, der permanent unter Strom steht, der nie abschaltet und ständig Beschäftigung benötigt, eignet sich nur bedingt als Familienhund. Der Grund hierfür ist, dass er niemals im Mittelpunkt stehen wird, da die Kinder berechtigterweise vorgehen. Anders als bei kinderlosen Paaren oder Alleinstehenden erhält ein Hund in einer Familie weniger Aufmerksamkeit und damit muss er zurechtkommen. Daher ist ein ausgeglichenes Temperament neben der Spielfreude ebenfalls eine wichtige Eigenschaft eines Familienhundes.

Es heißt nicht, dass ein Hund, der nicht all diese Eigenschaften mit sich bringt, kein Familienhund sein darf. Das möchte ich nicht damit sagen. Was ich aber sagen möchte ist, dass ein Hund in diesem Fall deutlich mehr Aufmerksamkeit und Zeit von den Eltern erfordert und diese auch bereit und willens sein müssen, diese Zeit zu investieren. Und genau an diesem Punkt hapert es oft. Ist der Hund schon vor den Kindern da, waren einige der genannten Punkte bis dahin vielleicht nicht so wichtig. Doch das ändert sich schlagartig, wenn auf einmal Kinder unterwegs sind. Manche Anforderungen können mit viel Geduld und Liebe antrainiert werden, doch gerade die Punkte der Gelassenheit, der Reizschwelle und des Temperaments lassen sich nur schwer durch Erziehung ändern. Hier musst Du abwägen, ob Du für Kompromisse bereit bist. In einem nachfolgenden Kapitel erhältst Du von mir aber auch noch Tipps, wie Du Deinen Hund schon während der Schwangerschaft darauf vorbereiten kannst, dass sich bald etwas an eurer Beziehung verändern wird.

Ist Deine Französische Bulldogge ein geeigneter Familienhund?

Im vorherigen Kapitel hast Du gelernt, welche Anforderungen an einen Familienhund gestellt werden. In diesem Kapitel schauen wir uns an, inwieweit die Rasse der Französischen Bulldogge diesen Anforderungen entspricht. Beachte dabei bitte, dass jeder Hund ein Individuum mit eigenem Charakter ist. Auch wenn in Rassen bestimmte Eigenschaften mal stärker und mal schwächer vertreten sind, gibt es immer wieder Abweichler, die sich von der Norm unterscheiden. Da ich Deinen Hund nicht persönlich kenne, kann ich im Nachfolgenden nur auf die allgemeinen Rassemerkmale der Französischen Bulldogge Bezug nehmen.

Im Allgemeinen ist klar zu erkennen, dass sich die Rasse der Französischen Bulldogge als Familienhund eignet. Allerdings – ja, leider gibt es ein „Allerdings" – gilt dies nicht unumschränkt. Es gibt ein paar kleine Einschränkungen, die Du auf jeden Fall beachten solltest. In der folgenden Grafik habe ich Dir die zuvor genannten Anforderungen einmal übersichtlich in einer Checkliste zusammengefasst und bezüglich der Französischen Bulldogge mit Symbolen kommentiert. Der Haken steht für „beste Voraussetzungen" und das Dreieck mit Ausrufezeichen für „Einschränkungen beachten".

Checkliste: Anforderungen an die Französische Bulldogge als Familienhund	
Freundliche Grundstimmung	✓
Hohe Reizschwelle	✓
Sicherheit und Gelassenheit	✓
Unterordnungsbereitschaft	✓
Körperliche Robustheit	⚠
Verträglichkeit mit Artgenossen	✓
Spielfreude	✓
Lernbereitschaft	⚠
Ausgeglichenes Temperament	✓

Wie Du der Grafik entnehmen kannst, ist Deine Französische Bulldogge in fast allen Punkten als Familienhund geeignet. Kritisch können bei ihr hauptsächlich zwei Aspekte werden: Ihre körperliche Robustheit und ihre Lernbereitschaft.

Wie Du weißt, gehört die Französische Bulldogge zur Klasse der Gesellschafts- und Begleithunde und das stellt im Prinzip die perfekten Weichen für das Zusammenleben in einer Familie. Da Hunde dieser Rassegruppe meist nicht für einen bestimmten Zweck gezüchtet wurden, weisen sie häufig nur einen geringen Jagdtrieb auf und zeigen zudem kaum territoriale Eigenschaften. Aggressives Verhalten zeigt die Rasse kaum, stattdessen beeindruckt sie mit ihrer positiven Grundstimmung und ihrer drolligen – fast schon lustigen – Art. Auch wenn Deine Französische Bulldogge sehr wahrscheinlich nicht so sportlich wie ein Border Collie sein wird, ist sie für jeden Spaß zu haben und immer bereit, sich mit Dir und Deinem Kind zu beschäftigen. Da sie als Gesellschaftshund gezüchtet wurde, sucht sie aktiv nach eurer Gesellschaft und ist am liebsten bei allem was ihr macht dabei. Aus dem Familienalltag ausgeschlossen zu werden, ist für sie das schlimmste was passieren kann.

Doch trotz all dieser positiven Eigenschaften gibt es auch bei der Französischen Bulldogge ein paar Punkte zu beachten. Da wäre als erstes die körperliche Robustheit. Durch seine Größe und sein durchschnittliches Gewicht von 8 bis 14 kg ist Dein Hund nicht so robust, wie die größeren Rassen. Gerade bei ungestümen Kleinkindern musst Du darauf achten, dass sie Deinen Hund nicht verletzen. Hier ist zwar selten Absicht im Spiel, aber das macht eine Verletzung auch nicht wieder wett. Gerade kleine Rassen werden von Kindern gerne hochgehoben, im Arm gehalten und überall hingetragen. Das mag zwar süß sein und Deinem Kind Spaß machen, ein artgerechter Umgang sieht jedoch anders aus. Erkläre Deinem Kind daher bitte von Anfang an, dass es sich bei eurer Französischen Bulldogge nicht um ein Kuscheltier handelt, sondern um ein lebendiges Wesen, das zum einen selber laufen kann (und auch sollte) und zum anderen auch eines vorsichtigen Umgangs bedarf.

Durch ihre verkürzte Schnauze leiden viele Hunde dieser Rasse darüber hinaus unter Atemproblemen. Bei wilden Tobereien solltest Du deshalb darauf achten, dass Deine Bulldogge nicht überlastet wird. Auch wenn sie sehr gerne rennt und herumtobt, wird aus ihr aufgrund ihres kompakten Körperbaus, ihrer kurzen Beine und der eben erwähnten kurzen Schnauze nie ein Spitzensportler werden. Wenn ihr auf der Suche nach einem Hund seid, der mit euch Joggen geht, Fahrrad fährt oder euch auf ausgiebigen Wanderungen begleitet, wird dies mit der Französischen Bulldogge schwierig. Dadurch, dass Hunde ihre Körpertemperatur über Hecheln regulieren, neigen Französische Bulldoggen zu Überhitzung. Ihre kurzen Atemwege reichen bei hoher Anstrengung oder zu warmen Temperaturen einfach nicht aus und ein Hitzschlag droht. Es liegt daher in Deiner Verantwortung, darauf zu achten, dass trotz des hohen Spielspaßes immer genügend Pausen eingelegt werden und Dein Hund im Sommer besser im Schatten bleibt. Eine Abkühlung im Wasser kann gerade im Sommer eine schöne Kinderaktivität darstellen, die sicherlich auch Deine Bulldogge genießen wird. Da sie durch ihren kompakten Körperbau und den verhältnismäßig schweren Kopf kaum schwimmen kann, sollte der Wasserspaß bei ihr aber nicht über ein Kinderplanschbecken hinausgehen. Offene Gewässer, Flüsse oder Seen sind nicht geeignet.

Ein zweiter Knackpunkt im familiären Zusammenleben kann die Lernbereitschaft Deiner Französischen Bulldogge sein. Verstehe mich dabei bitte nicht falsch. Die meisten Hunde dieser Rasse sind sehr aufgeweckt und im Prinzip auch bereit, Neues zu lernen. Allerdings verfügen sie ebenfalls über einen ausgeprägten Dickkopf. Im Klartext heißt das, nur weil Du (oder Dein Kind) es jetzt für gut hältst, eine Trainingseinheit einzulegen, muss Deine Französische Bulldogge das nicht zwangsläufig ebenso sehen. Auch werden viele Halter das Szenario kennen, dass sie mit ihrer Französischen Bulldogge zum Beispiel Apportieren üben möchten, dabei begeistert einen Ball werfen und erwartungsvoll auf die Reaktion ihrer Französischen Bulldogge warten. Diese reagiert jedoch recht ernüchternd, indem sie ihren Halter mit einem Blick anschaut, der zu sagen scheint „Du hast ihn geworfen, also hol ihn selbst wieder zurück!“. Ein klassisches Beispiel für den Dickkopf einer Französischen Bulldogge. Das heißt jedoch nicht, dass Französische Bulldoggen nichts lernen können und Hundetraining mit ihnen nicht möglich ist. Diese Botschaft möchte ich auf keinen Fall aussenden. Stattdessen bedeutet diese Charaktereigenschaft, dass Du das Training deutlich kleinteiliger aufteilen musst und schon mit kleineren Fortschritten zufrieden sein solltest, als dies bei einem Border Collie der Fall ist. Von Dir wird mehr

Konsequenz und Disziplin verlangt werden, aber – auch das kann ich sagen – es wird sich lohnen. Denn es wird sowohl Deiner Französischen Bulldogge wie auch Dir und Deinem Kind sehr viel Spaß machen, wenn ihr gemeinsam trainiert. Behalte dabei bitte im Hinterkopf, dass Dein Hund sehr wahrscheinlich 40 bis 80 Wiederholungen benötigt, bis er einen neuen Befehl verstanden hat und diesen anschließend meist auch nur in 40 Prozent der Fälle sofort befolgt. Passe Deine Ansprüche bitte unbedingt darauf an. Als Referenzbeispiel benötigt der eben genannte Border Collie oft noch nicht mal 5 Wiederholungen und befolgt Befehle in 95 Prozent der Fälle. Er spielt hier eindeutig in einer anderen Liga, was aber ganz andere Herausforderungen mit sich bringt.

Abschließend möchte ich festhalten, dass Du aus meiner Sicht eine gute Wahl getroffen hast. Ich liebe diese Rasse und weiß ihre zahlreichen Vorzüge sehr zu schätzen. Blinde Liebe sollte jedoch nicht dazu führen, dass die beiden angesprochenen kritischen Aspekte vernachlässigt werden. Prüfe bitte ausgiebig, inwieweit diese Punkte auf Deine Familie und Deine Französische Bulldogge zutreffen und entscheide darauf aufbauend, ob Dein Hund mit Deiner Familie wirklich zusammenpasst. Ich weiß, dass diese Entscheidung nicht immer leicht ist, zum Wohle aller sollte sie jedoch nicht auf die lange Bank geschoben werden. Solltest Du zu dem Schluss kommen, dass Dein Hund aufgrund seiner persönlichen Eigenschaften zum Familienhund geeignet ist, freue ich mich darauf, Dir auf den nächsten Seiten zu vermitteln, wie Du ihn optimal integrierst.

Welpe oder erwachsener Hund?

Bevor wir uns mit der Kind-Hund-Beziehung detaillierter auseinandersetzen, möchte ich noch die Frage beantworten, ob ein Welpe oder ein erwachsener Hund besser für das Familienleben geeignet ist. Meine Antwort darauf lautet ganz klar: Es kommt darauf an!

Doch worauf kommt es an? Am besten schauen wir uns die beiden Altersgruppen abwechselnd im Detail an. Bei einem Welpen denken wir alle zuerst an einen kleinen, süßen, flauschigen und drolligen Kameraden, der immerzu schmusen und spielen will und den wir als Halter gut selbst formen können. Diese Vorstellung ist nicht unwahr, aber viele vergessen, dass es sich bei einem Welpen um einen Baby-Hund handelt, der sehr viel Aufmerksamkeit benötigt. Im ersten Jahr ist ein Welpe nämlich hauptsächlich eines: Sehr viel zusätzliche Arbeit. Du musst Dir daher im Klaren sein, ob Du diese zusätzliche Zeit und Energie obendrein zum Familienalltag überhaupt aufbringen kannst und willst.

In den ersten Wochen musst Du mit dem Welpen mindestens alle 2 Stunden vor die Tür, damit er sich lösen kann. Nur, wenn Du ihn jedes Mal rausbringst, bevor ein Malheur passiert, lernt er, stubenrein zu werden. Ist der Welpe wach, musst Du (oder ein anderer Erwachsener) ihn ständig im Blick haben, denn so ein Welpe kann ziemlich viel Unfug in ziemlich kurzer Zeit anstellen. Nichts ist vor seinen kleinen scharfen Zähnen sicher, das kann ich Dir schon jetzt versichern. Hinzu kommt, dass so ein Welpe noch nicht lange allein bleiben kann. Das heißt für Dich, der Welpe muss entweder immer mitkommen oder ein Erwachsener muss ihn zu Hause im Blick behalten. Lange Familienausflüge sind in der Anfangsphase auch noch nicht drin, da die weichen, im Wachstum befindlichen Knochen das noch nicht mitmachen. Die Beschäftigung mit dem Welpen sollte größtenteils von Erwachsenen ausgehen, denn es ist wichtig, dass er lernt, sich erst an euch zu orientieren und euch zu vertrauen. Auch sind die Erwachsenen dafür verantwortlich, dass der Welpe die Grundkommandos beherrscht, erst danach können auch die Kinder ins Training einsteigen.

Aber selbstverständlich bietet ein Welpe jede Menge Vorteile. Neben seinem süßen Äußeren besticht dabei vor allem die Tatsache, dass Du als Halter großen Einfluss auf seine Prägung und seine Charakterentwicklung hast. Du kannst ihm die wichtigsten Dinge, die für das Zusammenleben mit Deiner Familie von Bedeutung sind, von Anfang an beibringen. Du kannst ihn auf seine zukünftige Umwelt perfekt vorbereiten und dafür Sorge tragen, dass er keine schlechten Erfahrungen macht. Du kannst ihn von Beginn an an alle Situationen gewöhnen, die er für ein glückliches Familienleben mit euch benötigt und somit Unsicherheiten oder gar Aggressionen vorbeugen.

Denn genau das sind die Punkte, die bei vielen gegen einen erwachsenen Hund sprechen. Bei diesem weißt Du als neuer Halter nie genau, was er schon erlebt und was ihn in seinem bisherigen Leben geprägt hat. Da viele erwachsene Hunde aus Tierheimen stammen, kannst Du fast immer von einer Vorbelastung ausgehen. Wie stark diese ist, kann sich jedoch massiv unterscheiden. Aus diesem Grund empfehle ich immer, dass Du probierst, möglichst viel über die Vorgeschichte Deines Hundes zu erfahren. Wo ist er aufgewachsen? Hat er bereits mit Kindern zusammengelebt? Ist ihm etwas Traumatisches widerfahren? Weswegen wurde er abgegeben? Gibt es gesundheitliche Einschränkungen / Belastungen? Je mehr Du weißt, umso besser, denn nur so kannst Du Dir ein Bild davon machen, ob er zu Dir und Deiner Familie passt. Am besten ist es natürlich, wenn Du die vorherigen Halter kennst und ihnen diese Fragen direkt stellen kannst.

Bereits erwachsene Hunde haben für mich zwei große Vorteile, die ich Dir nicht vorenthalten möchte. Erstens bedeuten sie am Anfang deutlich weniger Arbeit als ein Welpe und zweitens sind ihre Charaktereigenschaften und Wesenszüge schon vollständig entwickelt und gut zu erkennen. Der Verweis auf die geringere Arbeitsbelastung gilt natürlich nur dann, wenn sie bereits eine Grunderziehung erhalten haben und die wichtigsten Kommandos sitzen. Selbstverständlich muss sich auch ein erwachsener

Hund erst einmal an die neue Umgebung und die Strukturen und Regeln bei euch gewöhnen, das wird aber meist schneller gehen als bei einem Welpen. Außerdem wirst Du einen erwachsenen Hund deutlich schneller einmal allein zu Hause lassen können und auch keine große Rücksicht bei Spaziergängen und Ausflügen nehmen müssen (solange keine gesundheitlichen Gründe dagegen sprechen). Zwar sollten sich auch hier in den ersten Tagen hauptsächlich die Erwachsenen um das Training und die Erziehung kümmern, danach können aber auch schon recht zeitig die Kinder miteinbezogen werden.

Du merkst, die Frage ob Welpe oder erwachsener Hund ist nicht leicht und schon gar nicht pauschal zu beantworten. Es kommt dabei sehr stark auf Deine aktuelle Situation an und darauf, was Dir persönlich wichtig ist. Mit den nachfolgenden Fragen möchte ich Dir bei Deiner Entscheidungsfindung helfen:

- Hast Du genügend Zeit für einen Welpen?
- Bist Du bereit, Dein Leben und auch das Deiner Familie in Bezug auf den Welpen im ersten Jahr einzuschränken?
- Ist es Dir wichtig, von Anfang an die Erfahrungen und Erlebnisse Deines Hundes beeinflussen zu können?

- Bist Du konsequent genug, um Deinen Welpen bestmöglich zu erziehen?
- Würde es Dir helfen, wenn Dein Hund schon eine Grunderziehung erhalten hat?
- Ist es für Dich besser, wenn euer Familienleben nicht allzu sehr beeinträchtigt wird?

Was Du bei Deiner Französischen Bulldogge besonders beachten musst

Du hast Dich für eine Französische Bulldogge entschieden. Hast Du die Zeit und die Ausdauer, neben dem Familienalltag ein weiteres Baby großzuziehen und ist Dein Kind so weit, dass es vorsichtig genug mit dem kleinen Welpen umgeht? Oder wäre ein erwachsener Hund für euch vielleicht besser?

Zwar neigen Französische Bulldoggen zur Dickköpfigkeit, dennoch würde ich sie als eine Rasse einordnen, die auch für Anfänger geeignet ist. Wenn es Dir daher wichtig ist, Deinen Hund von Anfang an auf seinem Weg im Leben zu begleiten, spricht bei dieser Rasse nichts dagegen. Aber natürlich ist es auch immer schön, älteren Tieren aus dem Tierheim eine zweite Chance im Leben zu geben. Wäge ab, was zu Deiner Familie am besten passt.

EIN HUND KOMMT INS NEUE ZUHAUSE

Bevor Deine Französische Bulldogge bei euch einzieht, gibt es ein paar Punkte, über die Du Dir im Vorhinein bewusst werden solltest. Denn Du solltest Dir wirklich sicher sein, dass Deine zukünftige Französische Bulldogge in Deine momentane Situation überhaupt passt. Wenn Du davon ausgehst, dass Dein Hund einfach so euren gemeinsamen Alltag begleitet und wenig Arbeit verursacht, dann bist Du ganz schön auf dem Holzweg. Jeder Hund, egal wie alt, egal wie gut erzogen und egal welcher Rasse er angehört, benötigt Zeit und Aufmerksamkeit.

Beantworte nachfolgende Frage offen und ehrlich:

Wie viel Zeit hast Du täglich, um Dich neben ...

... Deinem Beruf (____ h),
... Deiner Familie und Deinen Freunden (____ h),
... Deinen Hobbys (____ h),
... Deinem Haushalt und Garten (____ h),
... und sonstigen Tagesaktivitäten (____ h)

gewissenhaft um Deine Französische Bulldogge zu kümmern?

____ Stunden

Kommen wir zur kalten Realität: Du hast Dich für einen klassischen Gesellschaftshund entschieden und kannst deshalb damit kalkulieren, dass Du Dich im Schnitt jeden Tag mindestens zwei Stunden mit Deiner Französischen Bulldogge beschäftigen solltest. Dazu gehört der morgendliche Spaziergang von mindestens 30 Minuten, die kurze Beschäftigung und Trainingseinheit am Nachmittag von weiteren 30 Minuten und der längere Spaziergang am Abend, den Du ebenfalls mit einem kurzen Training beziehungsweise einer rassengerechten Beschäftigung kombinieren solltest. Hinzu kommen die Zeiten für die Fütterung, die Körperpflege (was bei Deiner Französischen Bulldogge zum Glück nicht allzu viel Zeit in Anspruch nimmt), sowie außergewöhnliche Termine wie Tierarztbesuche oder regelmäßige Termine wie der Besuch einer Hundeschule. Natürlich wird es Tage geben, an denen Du diesen Zeitaufwand nicht betreiben kannst, aber diese Tage sollten unbedingt eine Ausnahme sein, ansonsten ist die Rasse des Französischen Bulldogge im Besonderen, aber auch die Hundehaltung im Allgemeinen nicht mit Deinem Alltag kompatibel.

Neben dem zeitlichen Aufwand solltest Du auch nicht die Kosten einer Hundehaltung unterschätzen. Du solltest Dir von Anfang an darüber im Klaren sein, dass die Haltung Deiner Französischen Bulldogge Geld kostet. Neben einmaligen Anschaffungskosten fallen zusätzliche regelmäßige Kosten an. In der nachstehenden Aufzählung habe ich einmal die Hauptkosten zusammengefasst, mit denen Du auf jeden Fall rechnen solltest:

Kostenschätzung für Deine Französische Bulldogge	
Einmalige Kosten	**bis zu 5.130 €**
Welpe vom Züchter	bis zu 2.000 €
Hund aus dem Tierheim	bis zu 500 €
Halsband, Geschirr, Leine	ca. 60 €
Diverse Spielzeuge	ca. 50 €
Bürste, Zeckenzange, etc.	ca. 20 €
Liegeplatz	ca. 100 €
Box (für das Auto)	ca. 200 €
Trainingsutensilien	ca. 100 €
Hundehütte	ca. 200 €
2 Jahre Hundeschule	ca. 2.400 €
Jährliche Kosten	**ca. 865 €**
Haftpflichtversicherung/Jahr	ca. 75 €
Steuer/Jahr	ca. 90 €
Tierarzt/Jahr	ca. 100 €
Futter/Monat	ca. 50 €
Jährliche Kosten in 12 Jahren	**ca. 10.380 €**
Gesamtkosten in 12 Jahren	**ca. 15.510 €**

Wie Du siehst, kannst Du Dir für diesen Betrag schon ein Auto kaufen und das ist nur eine Schätzung. Wird Deine

Französische Bulldogge ernsthaft krank und eine Behandlung in einer Tierklinik wird notwendig, kommen schnell mehrere Tausend Euro an Behandlungskosten zusammen.

Mir ist wichtig, dass Du Dir vor der Anschaffung Deiner Französischen Bulldogge bewusst bist, was auf Dich zukommt. Sehe sie nicht als Tier, sondern als Familienmitglied an. Ja, sie kostet Geld, ja, sie nimmt viel Zeit in Anspruch, aber sie gibt Dir auch unglaublich viel dafür zurück. Sehe es nicht als Option an, sie notfalls ins Tierheim abgeben zu können, wenn es nicht funktioniert. Oder hast Du bei Deiner Kinderplanung auch die Option in Erwägung gezogen, dass Du Dein Kind ins Heim abgeben kannst, wenn es sich schlecht verhält oder zu krank ist? Ich denke nicht. Wenn Du jetzt Zweifel daran hast, ob Du mit dem Zeit- und auch Geldaufwand zurechtkommst, lasse Dir Zeit mit Deiner Entscheidung. Vielleicht ist es auch erstmal eine Möglichkeit, im Tierheim auszuhelfen, statt direkt einen Hund zu kaufen.

- Kapitel 2 -

Die Kind-Hund-Beziehung

Da Du Dir diesen Ratgeber gekauft hast, weißt Du bereits, dass die Beziehung zwischen einem Kind und einem Hund etwas ganz besonders ist. Dennoch möchte ich dieses Kapitel nutzen, um Dir ein paar spezielle Punkte noch einmal näher zu bringen. Zunächst schauen wir uns an, inwiefern ein Hund die Entwicklung von Kindern beeinflussen kann. Darauf aufbauend untersuchen wir, inwieweit das Alter des Kindes einen Einfluss auf die Kind-Hund-Beziehung hat und was hierbei besonders zu beachten ist. Solltet ihr bereits einen Hund haben und Nachwuchs ist unterwegs, gibt es auch hier einige Punkte zu beachten, um euren Hund im Laufe der Schwangerschaft bereits optimal auf das neue Familienmitglied vorzubereiten. Umgekehrt schauen wir uns ebenfalls an, wie ein Hund in eine bereits bestehende Familie am besten integriert wird. Und zuletzt habe ich ein Kapitel ausschließlich für die wichtigsten Regeln reserviert, die für Kinder in einer Kind-Hund-Beziehung gelten. Doch worauf warten wir noch, lass uns gemeinsam anschauen, was die wunderbare Beziehung zwischen Kindern und Hunden wirklich ausmacht.

WAS HUNDE ZUR ENTWICKLUNG VON KINDERN BEITRAGEN

Ich kenne kaum ein Elternteil, das von seinen Kindern noch nie mit großen leuchtenden Augen gefragt wurde, ob sie nicht einen Hund haben könnten. Der Hund als bester Freund des Menschen sorgt schon bei unseren Kleinsten für eine gewisse Sehnsucht. Bestärkt wird dieses Gefühl selbstverständlich von den perfekten TV-Hunden, die jedes Wort verstehen, fast schon übersinnliche Fähigkeiten an den Tag legen und immer der Retter in der Not sind. Diese Hunde sind stets perfekt und machen so gut wie keine Arbeit – ganz im Gegenteil sind sie meist sogar überaus hilfreich. Auch wenn ich keinen Hund kenne, der diesen Hunden tatsächlich gerecht wird, bin ich mir sicher, dass ein Hund für die Entwicklung eines Kindes eine wahre Bereicherung darstellt.

An oberster Stelle kommt für mich in der heutigen Zeit, dass ein Hund die Kinder wieder näher an die Natur heranbringt. Durch die moderne Lebensweise und insbesondere den hohen Stellenwert der Sozialen Medien und Online-Spiele haben viele Kinder kein gesundes Verhältnis zur Natur mehr. Sie kennen den richtigen Wald fast nur aus Filmen oder Spielen und sind fest davon überzeugt, dass es tatsächlich lila Kühe gibt. Sie wissen es schlicht nicht besser. Um diesem Trend entgegenzuwirken oder um ihn gar nicht erst entstehen zu lassen, sind Hunde ein hervorragendes Mittel. Wieso? Ganz einfach: Hunde müssen mehrmals täglich raus in die Natur.

War es für mich noch normal, jeden Nachmittag draußen im Freien zu spielen und durch die Wälder und Wiesen zu tollen, verbringen die meisten Kinder ihre Freizeit heute drinnen. Ein Hund wird das ändern. Denn er muss mehrmals täglich raus, um sich zu lösen, zu schnuppern und zu spielen. Viele Kinder lernen die Natur durch einen Hund als Haustier ganz neu oder gar zum ersten Mal kennen und lieben. Sie gehen bei jedem Wetter vor die Tür, machen sich dreckig und gehen auf spannende Erkundungstouren. Wie wichtig all das für die Entwicklung Deines Kindes ist, brauche ich Dir wohl kaum zu sagen. Frische Luft, Bewegung und der Spaß daran, Neues zu erkunden, sind unbezahlbar.

Doch damit hört der Einfluss eines Hundes auf die Entwicklung von Kindern noch nicht auf. In der heutigen Zeit müssen viele Kinder deutlich mehr Zeit allein verbringen, als es früher der Fall war. Viele sind Einzelkinder, beide Elternteile gehen arbeiten und die Großeltern oder Onkel und Tante wohnen selten im selben Haus oder in der direkten Nachbarschaft. Allein zu sein und sich allein zu beschäftigen, ist für viele Kinder normal. Ein Hund kann diese Lücke füllen. Er ist immer da, er freut sich wie verrückt, wenn das Kind von der Schule nach Hause kommt und hat immer Zeit. Er muss selten zum Spielen überredet werden, sondern macht von sich aus begeistert mit. Er stellt keine Ansprüche, erwartet nichts und ist trotzdem immer für einen da. Er hört sich alles geduldig an und würde niemals ein Geheimnis verraten. Er behandelt das Kind immer gleich, egal ob es eine Fünf in Mathe mit nach Hause bringt oder sein Zimmer nicht aufgeräumt hat. Ein Hund kann eine Nähe zu einem Kind aufbauen, die Eltern in den seltensten Fällen erreichen. Wissenschaftliche Studien belegen, dass sich allein schon die Anwesenheit des Hundes positiv auf den Gemütszustand von Kindern auswirkt. Er gibt ihnen das Gefühl von Vertrautheit, Geborgenheit und bedingungsloser Liebe.

Ganz abgesehen davon, dass ein Hund selbst schnell zum besten Freund des Kindes wird, kann er auch dabei helfen, Kontakt zu anderen Kindern aufzubauen. Denn Tiere – und insbesondere Hunde – ziehen Kinder magisch an. Sie schauen fasziniert hin, sind glücklich, wenn sie den Hund streicheln dürfen, und Staunen mit offenem Mund, wenn er ein Kunststück vorführt. Auf diese Weise kann ein Hund dazu beitragen, dass Dein Kind nicht nur zu ihm eine enge Beziehung aufbaut, sondern auch Freundschaften mit anderen Kindern schließt. Außerdem sind Kinder, die mit Hunden aufwachsen, meist besser in der Lage, andere zu verstehen und Rücksicht auf ihre Bedürfnisse zu nehmen. Ein Hund muss täglich mit Wasser und Futter versorgt werden, benötigt Auslauf und Pflege. Werden Kinder in die

Versorgung miteinbezogen, lernen sie schon früh, auf die Bedürfnisse anderer Wesen Rücksicht zu nehmen und Signale richtig zu deuten. Sie wissen, was es heißt, Verantwortung zu übernehmen. Anders als ein Computer-Haustier, das sie an- und abschalten können, ist ein Hund immer da und hat jeden Tag dieselben Bedürfnisse. Auch wenn sie mal keine Lust haben, bei Regen rauszugehen oder lieber etwas mit Freunden unternehmen möchten, statt den Hund zu füttern, wird er – oder manchmal auch die Eltern – sie an ihre Pflichten erinnern. Die Erfahrung zu machen, dass die eigenen Bedürfnisse manchmal hinten angestellt werden müssen, ist ein weiteres großes Lernerlebnis in der Kind-Hund-Beziehung. Dein Kind wird diese Erfahrung unweigerlich machen. Und es wird auch lernen, Rücksicht auf den Hund zu nehmen. Denn anders als ein Computer-Hund benötigt ein echter Hund auch mal eine Pause und muss sich ausruhen dürfen. Verständnis dafür zu entwickeln, ist ebenfalls eine unglaublich wichtige Eigenschaft.

Darüber hinaus kann das Training mit Hunden auch das Selbstbewusstsein Deines Kindes stärken. Wenn es erlebt, dass der Hund ein Signal befolgt, ist das ein großes Erfolgserlebnis. Die Erfahrung zu machen, dass es etwas bewirken kann, dass es einem anderen Lebewesen etwas beibringen kann, wird es für den Rest seines Lebens stärken und selbstbewusster machen. Auch die Übernahme von Verantwortung wie dem täglichen Gassi gehen, der

Fütterung oder der Fellpflege kann zur Bildung von Selbstbewusstsein führen.

Und zu guter Letzt bereitet ein Hund Dein Kind auf etwas vor, vor dem Du es am liebsten sein ganzes Leben lang beschützen würdest: Das Abschied nehmen. Ein Hund hat im Vergleich zu uns Menschen eine kurze Lebenszeit. Deine Französische Bulldogge wird zum Beispiel im Schnitt nur 10 bis 14 Jahre alt. Die Wahrscheinlichkeit, dass Dein Kind von seinem geliebten Gefährten Abschied nehmen muss, ist daher recht hoch. Natürlich hängt der jeweilige Umgang mit der Situation sehr stark von dem Alter und dem Entwicklungsstand Deines Kindes ab. Ein Teenager kann den Tod ganz anders verstehen und verarbeiten als ein Kleinkind oder Grundschulkind. Wichtig ist, dass Du Deinem Kind auf jeden Fall die Möglichkeit des Abschiednehmens gibst. Die wenigsten Hunde sterben heute noch auf natürlichem und damit unvorhersehbarem Wege. Meist ist es die Entscheidung der Halter, ob ein Hund vorzeitig von seinem Leid erlöst wird oder nicht. Ob Dein Kind bereit dafür ist, dabei zu sein, wenn ein Tierarzt die erlösende Spritze setzt, kannst nur Du entscheiden. Du solltest ihm aber auf jeden Fall vorab die Möglichkeit geben, sich zu verabschieden. Die Trauer ist Bestandteil unseres Lebens und sich von einem geliebten Familienmitglied zu verabschieden, ist eine wichtige Lebenserfahrung für Dein Kind. Erlaube Deinem Kind, Trauer zu empfinden und zeige ihm, dass es in Ordnung ist, sie auch zu zeigen. Gefühle dürfen auch in dieser schwierigen Zeit ausgelebt werden. Spreche mit Deinem Kind über das Tier und gemeinsame Erlebnisse und schöne Erfahrungen. Vergießt gemeinsam Tränen und erinnert euch an das Positive. So schlimm wie diese Erfahrung sein wird, auch sie wird Dein Kind stärken und auf sein späteres Leben, in dem es unweigerlich zu weiteren Abschieden kommen wird, vorbereiten.

Das war jetzt nur ein kleiner Ausschnitt von dem, was Hunde zur Entwicklung Deines Kindes beitragen können. In eurem gemeinsamen Alltag wirst Du viele großartige Momente erleben und zusehen können, wie Deine Kinder wachsen und sich stetig weiterentwickeln. Wie stark der Einfluss des Hundes dabei ist, hängt auch viel von Dir ab. Wie stark beziehst Du Dein Kind nicht nur in die spaßigen, sondern auch nötigen Aufgaben mit ein? Ist es in Ordnung für Dich, wenn nicht nur Dein Hund, sondern auch Dein Kind schlammig, aber glücklich von einem Spaziergang zurückkehrt? Darf Dein Kind beim Training die Initiative ergreifen? Gibst Du ihm alles Notwendige an die Hand, damit es lernt, die Sprache des Hundes und seine Bedürfnisse zu verstehen?

Die Wahrscheinlichkeit, dass Deine Französische Bulldogge die Entwicklung Deines Kindes positiv beeinflussen wird, ist sehr groß. Wie groß genau ihr Einfluss jedoch sein wird, liegt zuallererst an Dir. In den nachfolgenden Kapiteln werde ich Dir dafür einen Werkzeugkasten und das notwendige Wissen an die Hand geben, damit Du das Maximum erreichen kannst. Und ich bin mir sicher, dass Du es mit einer guten Portion Konsequenz, einem Zuschlag an Ausdauer und einer nicht zu unterschätzenden Prise an Liebe und Einfühlungsvermögen auch schaffen wirst.

Was Du bei Deiner Französischen Bulldogge besonders beachten musst

Wie bereits im vorherigen Kapitel erläutert, kann Deine Französische Bulldogge zu einem idealen Partner für Dein Kind werden. Sie ist überaus spielfreudig und besitzt einen fröhlichen Charakter, was die persönliche Entwicklung Deines Kindes stärken kann. Dadurch, dass sie nicht zu den robusteren Rassen gehört, lernt Dein Kind von klein auf, dass es wichtig ist, auf andere zu achten und Rücksicht zu nehmen. Es lernt, dass es manchmal seine eigenen Wünsche zum Wohle anderer hintenanstellen muss.

Durch ihre hohe Begeisterungsfähigkeit und Neugierde wird sie sehr wahrscheinlich auch Dein Kind für die Natur und Beschäftigungen an der frischen Luft begeistern können. Was sie ihm auf jeden Fall bieten wird, ist ihre bedingungslose Liebe und ihre hohe Treue. In der Französischen Bulldogge kann jedes Kind seinen treuen Gefährten finden, der mit ihm durch dick und dünn geht.

Wie gefährlich ist Dein Hund für Dein Kind?

Jetzt wo Du über die positiven Effekte Bescheid weißt, die Deine Französische Bulldogge auf Dein Kind ausübt, ist es nur folgerichtig, dass wir auch über die Gefahren sprechen. Denn immer wieder höre ich von besorgten Eltern, dass ein Hund im Haus doch ein viel zu großes Risiko für ein Kind darstellt. Da Du Dich mit Deiner Französischen Bulldogge für eine kleine Rasse entschieden hast, wird dieses Thema bei Dir vielleicht nicht so präsent sein, ich möchte es aber dennoch nicht unerwähnt lassen.

Wenn von einer Gefahr gesprochen wird, ist damit meist ein Beißvorfall gemeint. Um etwaige Begriffsungenauigkeiten von Beginn an aus dem Weg zu räumen, habe ich eine ganz klare Definition dafür, was ein Beißvorfall ist und was nicht. Und diese lautet wie folgt:

Maul auf + Menschliches Körperteil rein + Maul zu
= Beißvorfall

Laut dieser Definition gehört damit auch das sogenannte Zwicken, Kneifen und Knabbern dazu, das viele Halter oft herunterspielen und nicht als Beißen interpretieren – insbesondere bei kleinen Rassen wie Deiner Französischen Bulldogge werden diese Verharmlosungen häufig verwendet. Auch wenn die Schwere der Verletzung dabei stark variieren kann, sind auch diese drei Beißvarianten für den Hund nichts anderes als das klassische Beißen. Doch wie häufig kommt es eigentlich vor, dass ein Hund tatsächlich zubeißt und dabei schwere Verletzungen beim Menschen verursacht?

Leider gibt es in Deutschland dazu keine verlässlichen Daten. Was jedoch erfasst wurde, ist, dass es in den Jahren 2008 bis 2018 durchschnittlich 0,47 Todesfälle in Zusammenhang mit einem Hundeangriff im Verhältnis zu 1 Mio. Einwohner gab. Im Deutschen Ärzteblatt wurde die Zahl der Bissverletzungen durch Tiere für das Jahr 2015 auf 30.000 bis 50.000 geschätzt. Davon wiederum sollen rund 60 bis 80 Prozent auf Hunde entfallen (wobei darin auch Beißvorfälle ausschließlich unter Hunden enthalten sind). Kinder werden laut dieser Statistik doppelt so häufig gebissen wie Erwachsene. Die Kinder sind dabei meist 6 Jahre alt oder jünger und in fast zwei Drittel der Fälle handelt es sich um den eigenen Hund und in fast 80% der Fälle ist der Hund dem Kind bekannt. Doch die nächste Zahl wird Dich wahrscheinlich wieder etwas beruhigen: Französische Bulldoggen sind laut einer Studie nur in 5 Prozent der Fälle für Bisswunden verantwortlich, die zu einer medizinischen Behandlung im Krankenhaus führen.

Jetzt haben die reinen Zahlen gesprochen, doch viel wichtiger ist, was wir daraus lernen. Dass Bisswunden durch Französische Bulldoggen deutlich weniger häufig Grund für eine medizinische Behandlung im Krankenhaus sind als beispielsweise durch einen Deutschen Schäferhund, muss nicht unbedingt damit zusammenhängen, dass sie weniger häufig zubeißen. Ich brauche Dir wahrscheinlich gar nicht erst erklären, dass das Zubeißen einer doch eher kleinen Französischen Bulldogge sehr wahrscheinlich weniger verheerend ist, als der kräftige Biss eines ausgewachsenen Schäferhundes. Auch ist die Rasse, obwohl sie sehr beliebt ist, noch nicht so verbreitet wie andere, was wiederum zu weniger Beißvorfällen führt. Statistiken sind daher gut und schön und können meistens aus unterschiedlichen Perspektiven betrachtet ganz andere Schlussfolgerungen ergeben.

Viel interessanter als die absoluten Zahlen ist daher die Erkenntnis, dass fast allen Beißvorfällen eine bewusste oder auch unbewusste Provokation des Hundes voraus ging. Das heißt, dass vor der Situation zum Beispiel ein wildes Zerrspiel stattfand (hierauf kommen wir in einem späteren Kapitel nochmal zu sprechen), dem Hund wurde das Spielzeug weggenommen, er wurde beim Fressen oder Schlafen gestört, er wurde zu heftig gestreichelt oder umarmt oder schlichtweg gequält. In den allerwenigsten Fällen hat der Hund von sich aus ein aggressives Verhalten an den Tag gelegt. Und genau das ist die wichtigste Erkenntnis: Der Hund hat sich meist wie ein normaler Hund verhalten – sein Verhalten war berechenbar und erkennbar – die Fehler lagen im menschlichen Verhalten. Aggressives Verhalten ist an sich übrigens auch gar nicht schlecht und gehört zum Hund (und auch zum Menschen) sehr wohl dazu und ist gelegentlich notwendig, um anderen Grenzen aufzuzeigen. Den ernsteren Maßregelungen (wie dem Beißen) gehen beim Hund in der Regel auch spezifische Warnungen voraus. Erst wenn diese nichts bewirken, greift der Hund zu stärkeren und damit meist verhängnisvolleren Mitteln. Und genau hier kommen wir zum Hauptproblem: Diese Warnungen wurden meistens nicht erkannt oder einfach ignoriert. Das wiederum bedeutet, dass die meisten Beißvorfälle aufgrund von mangelndem Wissen geschehen und nicht, weil ein Hund unnatürlich aggressiv reagiert. Sie hätten fast immer vermieden werden können – eine bittere Erkenntnis insbesondere für Eltern, deren Kinder schwer verletzt wurden.

Mit diesem Ratgeber gebe ich Dir daher alles Wissen an die Hand, damit wir die geringe Wahrscheinlichkeit eines Beißvorfalles in Deiner Familie noch weiter reduzieren können. Dabei kommt es vor allem auf Dich als Elternteil an. Es liegt in Deiner Verantwortung, das nötige Wissen an Deine Kinder weiterzugeben und für einen angemessenen Umgang zwischen Kind und Hund zu sorgen. Wie genau das geht, erfährst Du noch.

Der Einfluss des Alters auf die Kind-Hund-Beziehung

Das Alter des Kindes hat einen nicht zu unterschätzenden Einfluss auf die Kind-Hund-Beziehung. Denn ein Familienhund muss lernen, Kinder in der Familie zu akzeptieren. Das Wort „akzeptieren" habe ich dabei bewusst gewählt. Auch wenn die Einordnung des Hundes in eine Familie nicht eins zu eins mit dem Ranggefüge in einem Rudel zu vergleichen ist, wird jeder Hund automatisch und intuitiv seinen „Rang" in der Familie ausloten. Die Erwachsenen sollten dabei im Idealfall für den Hund die „Elternrolle" einnehmen und damit klar über ihm stehen. Er muss lernen, dass er seine eigenen Wünsche hinten anstellen muss und dass Grenzen, die die Erwachsenen aufzeigen, einzuhalten sind, aber auch, dass er nicht eingreifen und die Führung übernehmen muss, da alles unter Kontrolle ist. Im Bezug auf ein Kind sieht das jedoch anders aus. Der Hund erkennt anhand der Körpersprache, der Haltung aber auch des Umgangs der Erwachsenen, dass es sich bei dem Kind um kein ausgewachsenes Lebewesen handelt. Er nimmt wahr, dass auch das Kind Anweisungen von den Eltern erhält und diese im Idealfall ausführt. Damit ist für ihn klar, dass es sich hierbei um keinen Entscheidungsträger handelt. Damit er es jetzt nicht unter sich in der Familienhierarchie einordnet, ist es wichtig, dass er akzeptiert, dass Kinder immer eine

Sonderposition im Familienkonstrukt innehaben. Sie sind menschlicher Nachwuchs und werden daher ausschließlich vom Menschen erzogen und nötigenfalls gemaßregelt – der Hund muss diese Rolle in keiner Situation übernehmen. Er ist weder verantwortlich noch muss er sich ebenso unterordnen wie bei den Erwachsenen.

Wie genau sich dabei das Alter auswirkt und was sich in der Beziehung verändert, skizziere ich Dir auf den nächsten Seiten anhand folgender vier Altersgruppen:

- Baby
- Kleinkind
- Schulkind
- Teenager

Die Übergänge zwischen diesen Altersgruppen sind fließend. Die Entwicklung von Kindern kann sehr individuell sein und sollte nicht pauschal über einen Kamm geschert werden. Ich überlasse es daher Dir, zu entscheiden, ab wann Du Dein Kind zu welcher Gruppe zählst.

BABY

Beginnen wir mit der ersten Altersstufe: Dem Baby. Es wird Dich bestimmt nicht verwundern zu hören, dass in dieser Phase noch die geringste Interaktion zwischen Deinem Baby und Deiner Französischen Bulldogge stattfindet. Die meisten Babys sind in den ersten 6 Monaten noch nicht sehr mobil und bleiben in der Regel dort liegen, wo die Eltern sie abgelegt haben. Aufpassen musst Du als Elternteil hier vor allem, wenn das Kind nach dem Hund greift. Passe auf, dass es nicht in die Nase oder die Augen fasst und auch nicht zu feste am Fell des Hundes oder an den Ohren zieht. Erschreckt sich Dein Hund dadurch oder ist es für ihn zu unangenehm, kann es sein, dass er das Baby maßregeln möchte und nach ihm schnappt. Aus Hundesicht ist das ein natürliches Verhaltensmuster – einen Welpen würde er nicht anders behandeln.

Achte daher immer auf die Signale, die Dein Hund aussendet (welche wir in einem späteren Kapitel noch genauer besprechen) und versuche, Anzeichen für Stress, Beschwichtigung oder sogar Drohgebärden frühzeitig zu erkennen und einzugreifen. Löse in solchen Situationen zunächst das Kind vom Hund und schicke den Hund auf seinen Liegeplatz. Das Wegschicken solltest Du dabei auf keinen Fall mit einer Strafe gleichsetzen. Erhebe nicht Deine Stimme und schimpfe den Hund auch nicht aus. Schicke ihn nur weg und gebe ihm damit die Gelegenheit, sich wieder zu beruhigen. Hat er sich beruhigt, kannst Du ihn, wenn Du willst, wieder dazu rufen.

Die Tatsache, dass Du diese Situationen frühzeitig erkennst und Deiner Französischen Bulldogge damit zeigst, dass Du Herr der Lage bist, hat zwei gravierende Pluspunkte für euer zukünftiges Zusammenleben. Du zeigst Deinem Hund damit zunächst einmal, dass er nicht maßregeln muss, da Du das übernimmst. Die wenigsten Hunde hegen Kindern gegenüber eine böse Absicht, dennoch kommt es, wie im vorherigen Kapitel beschrieben, gerade bei Kindern häufiger zu Verletzungen. Woran mag das liegen? Wenn ein Hund einen Welpen maßregelt, kommen dabei häufig seine Zähne zum Einsatz und auch hier besteht in der Regel keine böse Absicht. Die Zähne werden nur so eingesetzt, dass sie gespürt werden, aber meist keine Verletzungen verursachen. Bei einem Baby ist das jedoch anders. Es verfügt nicht über das robuste Welpenfell und die dickere Haut und ist daher sehr anfällig für Verletzungen. Daher gilt bei Babys der eiserne Grundsatz:

! LASSE DEIN BABY NIEMALS – AUCH NICHT FÜR WENIGE AUGENBLICKE – MIT DEINEM HUND ALLEIN !

Wie gravierend so ein kurzer Augenblick sein kann, zeigen die nachfolgenden Beispiele. Nehmen wir an, Du sitzt im

Garten, Dein Kind schläft in der Wippe auf dem Loungetisch und Deine Französische Bulldogge liegt zu Deinen Füßen. Alles ist ruhig und Du nutzt die Gelegenheit, schnell zur Toilette zu gehen. Unglücklicherweise wacht Dein Kind genau dann auf und fängt an zu schreien. Deine Französische Bulldogge fühlt sich verantwortlich und möchte nach dem Kind sehen und springt dafür am Tisch hoch. Dabei stößt sie unbeabsichtigt die Wippe um. Das Kind fällt heraus und fängt noch stärker an zu schreien. Dein Hund ist verwirrt und beschließt das schreiende Kind zu Dir zu bringen, damit Du Dich darum kümmern kannst. Wie für Hunde üblich, probiert er es im Nacken zu greifen und zu Dir zu tragen – eine fatale aber für Deinen Hund logische Entscheidung. Was in diesem Fall mit Deinem Kind passieren kann, möchte ich gar nicht weiter ausmalen.

Ähnlich kann sich die Situation zutragen, wenn Dein Baby schon krabbeln kann. Dein Kind ist in einer Ecke des Wohnzimmers beschäftigt und Deine Französische Bulldogge schläft in der anderen. Du verlässt erneut den Raum, weil der Timer signalisiert, dass der Kuchen aus dem Ofen muss. Dein Kind findet plötzlich das Spielzeug langweilig, sieht den Hund, krabbelt auf diesen zu und lässt sich mit seinem ganzen Gewicht auf ihn fallen. Der Hund wacht mit Panik erfüllt auf und maßregelt Dein Kind auf die für ihn natürlichste Art und Weise mit einem Schnauzgriff. Bei diesem legt der Hund sein Maul um das des Welpen und drückt leicht zu. Der Welpe erstarrt in dieser Situation und gibt keinen Mucks mehr von sich. Bei Deinem Kind wird sehr wahrscheinlich jedoch das genaue Gegenteil der Fall sein. Wenn Deine Französische Bulldogge ihr Maul um sein Gesicht legt, wird es wahrscheinlich in Panik geraten und sich winden und wenden und aus vollem Hals schreien, was schlimme Folgen haben kann.

Ich möchte Dir mit diesen Beispielen nicht den Teufel an die Wand malen, denn in 99,9 % der Fälle werden die zuvor genannten Beispiele bei einem gut sozialisierten Hund nicht eintreffen. Aber leider gibt es diese verbleibenden 0,1 % und zu denen möchte kein Elternteil gehören. Daher bitte ich Dich, gib dem Zufall keine Chance und nehme entweder das Kind oder den Hund immer mit Dir, wenn Du den Raum verlässt. Auch wenn es sich bei Deiner Französischen Bulldogge um eine kleine Rasse handelt, können auch diese kleinen Zähne zu schweren Wunden auf zarter Kinderhaut führen.

Kommen wir zum zweiten Pluspunkt, den Dein Eingreifen schon beim zu festen Ziehen am Hundefell mit sich bringt: Die Zuständigkeiten sind für Deine Französische Bulldogge klar verteilt und sie lernt, dass sie nicht nur für die Maßregelung nicht verantwortlich ist, sondern auch nicht für die Erziehung. Dein Hund weiß, dass er nicht die Elternrolle übernehmen muss. Ein klares Anzeichen dafür, dass sich Deine Französische Bulldogge doch als verantwortlich betrachtet, ist, wenn sie häufig vor der Wippe oder dem Kinderbett schläft. Wenn ihr gemeinsam spazieren geht, verlässt sie die unmittelbare Nähe des Kinderwagens nur sehr ungern. Besuchern gegenüber ist sie überaus skeptisch und stellt sich stets zwischen diese und das Baby. Nehmen sie das Baby gar auf den Arm, lässt sie sie nicht mehr aus den Augen und setzt sich wahrscheinlich sogar genau vor sie. Zwar tritt dieses Verhaltensmuster eher bei ehemaligen Hütehunden auf, dennoch solltest Du auch bei einem Gesellschaftshund wie Deiner Französischen Bulldogge auf diese Anzeichen achten. Denn es gibt auch immer wieder Individuen dieser Rasse, die einen starken Beschützerinstinkt ausbilden. Auch wenn es im ersten Moment als goldig erscheint, wenn Dein Hund immer brav vor dem Kinderbettchen Wache liegt, ist es das im Grunde genommen nicht. Dein Hund möchte hier eine Rolle übernehmen, die er nicht meistern kann und die sowohl für Dein Kind aber auch für andere Menschen eine potentielle Gefahr darstellt. Unterbinde es daher von Anfang an.

Wirklich anspruchsvoll wird die Kind-Hund-Beziehung dann für Dich, wenn Dein Baby anfängt, mobil zu werden. Seine Feinmotorik funktioniert dann noch nicht, es fällt noch häufig hin und kann überhaupt nicht einschätzen, ob es einem anderen Lebewesen vielleicht Schmerzen zufügt. Gerade in dieser Anfangsphase geht es für Dich daher eher darum, Deine Französische Bulldogge vor Deinem Kind zu beschützen als umgekehrt. Versuche ihre gemeinsamen Erfahrungen möglichst für beide Seiten positiv zu gestalten.

Erlaube dem Hund aber wegzugehen, wenn ihm die Situation zu viel wird. Beobachte ihn immer genau, achte auf die Zeichen, die er aussendet und greife im Zweifelsfall ein. Denke aber daran, Deine Stimme nicht zu erheben und auch nicht zu schimpfen.

Kleinkind

Der Schritt vom laufenden Baby zum Kleinkind hin ist nicht weit. Für Deine Französische Bulldogge verändert sich in der Wahrnehmung Deines Kindes ebenfalls nicht viel. Durch sein tapsiges Verhalten und die klare Hierarchie zwischen Eltern und Kind ordnet Dein Hund es immer noch als „Menschenwelpe" ein, den es zu erziehen und zu maßregeln gilt, wenn es sich danebenbenimmt. Bei einem gut sozialisierten Hund ist die Geduld mit Kindern jedoch sehr hoch und sie erdulden sehr viel. Zu feste Klammergriffe ins Fell, wildes Herumklettern auf dem Hunderücken oder auch schon mal ein patziger Schlag ins Gesicht – unsere vierbeinigen Freunde lassen unseren Kindern mehr durchgehen als die meisten Menschen. Es ist gut und wichtig, dass beide in dieser Altersklasse mehr miteinander interagieren, allerdings ist es Deine Aufgabe zu überwachen, dass Dein Kind nicht zu weit geht. Den Hund als Puppenersatz zu verkleiden, in den Puppenwagen zu setzen oder gar mit Clip-Ohrringen zu schmücken, geht häufig zu weit. Achte auf die Zeichen Deiner Französischen Bulldogge und wenn sie Stress zeigt oder sogar schon mit Drohverhalten beginnt, musst Du schnell eingreifen. Trenne beide und lege den Hund auf seinem Liegeplatz ab.

In dieser Altersphase solltest Du Deinem Kind auch unbedingt beibringen, dass dieser Liegeplatz für es absolut Tabu ist. Wenn der Hund dort liegt, wird er von Deinem Kind in Ruhe gelassen. Denn dieser Platz soll auch dazu dienen, dass sich Deine Französische Bulldogge von sich aus dorthin zurückziehen kann, wenn es ihr zu viel wird. Erfahrungsgemäß nehmen die meisten Französischen Bulldoggen, denen solch ein sicherer Rückzugsort zur Verfügung gestellt wird, dieses Angebot dankend an und verzichten stattdessen auf Drohverhalten und Maßregelungen. Dein Hund weiß dann, dass er die Situation auch einfach verlassen kann und das Problem – Dein Kind – für ihn damit gelöst ist.

Eine Gefahr, die in diesem Alter von vielen Eltern unterschätzt wird, ist das große Nachahmungsbedürfnis von Kindern gegenüber ihren Eltern. Kinder lieben es einfach, das zu machen, was auch die Eltern machen. Aus diesem Grund sollte Dein Kind möglichst nie anwesend sein, wenn Du bestimmte Pflegehandlungen an Deiner Französischen Bulldogge ausübst. Das kann zum Beispiel das Krallenschneiden oder das Verabreichen von Augen- oder Ohrentropfen sein. Beide Beispiele sind für Deinen Hund zwar nicht schmerzhaft, wirklich gerne haben wird er sie aber nicht. Meist wird er dabei von Dir festgehalten, muss still verharren und warten bis Du fertig bist. Ein gut sozialisierter Hund wird dieses Verhalten von Erwachsenen dulden – doch das gilt noch lange nicht für Kinder. Als Problemlösung reicht es nicht aus, die Utensilien wie die Krallenschere, Zeckenzange oder Ohrentropfen gut verschlossen aufzubewahren. Dein Kind wird einfach einen beliebigen anderen Gegenstand nehmen und beispielsweise einen Legostein in das Ohr des Hundes stecken. Auch in diesem Szenario gibt es wieder Hunde, die auch das über sich ergehen lassen – aber es ist in Deiner Verantwortung, den Hund vor Deinem Kind zu schützen. Bei welchen Aufgaben schon Kleinkinder assistieren können, besprechen wir noch in einem späteren Kapitel.

Bei gemeinsamen Spaziergängen wird Dein Kind jetzt auch damit beginnen, den Hund selbst an der Leine führen zu wollen. Bei älteren Hunden, bei denen die Leine immer locker durchhängt und die keine abrupten Bewegungen mehr machen, kannst Du Dich hierauf eventuell schon einlassen. Ansonsten empfehle ich immer einen Kompromiss: Das Kind bekommt das Ende der Leine in die Hand gedrückt und Du bist zwischen Kind und Hund an der Leine und leistet die eigentliche Arbeit. Dein Kind wird wahrscheinlich super stolz sein, dass es nicht nur den Hund, sondern auch gleich Mama oder Papa an der Leine führt. Ein Win-Win für alle.

Schulkind

In der Altersstufe des Schulkindes reift Dein Kind in der Wahrnehmung Deiner Französischen Bulldogge vom Welpen zum Kumpel. Sie geht mit ihm durch dick und dünn und sie ist jederzeit bereit, ausgiebig zu spielen und zu toben. Die meisten Kinder haben jetzt verstanden, was sie tun dürfen und was nicht (ob sie sich auch immer daran halten, ist eine andere Frage). Der Anblick des Hundes verbessert ihre Laune unverzüglich, egal wie doof die Schule gewesen sein mag. Es wird gekuschelt, gerannt und gerauft. Kinder in diesem Alter haben oft ein deutlich besseres Gespür für den Hund als Erwachsene. Sie sind noch in der Lage, intuitiv und authentisch mit dem Hund zu kommunizieren und sind nicht so verkopft wie wir Erwachsenen. Je mehr sich Dein Kind mit Deiner Französischen Bulldogge beschäftigt, desto enger und intensiver wird ihre Bindung.

Deine Hauptaufgabe in dieser Phase wird es sein, darauf zu achten, dass es beide Seiten nicht übertreiben. Ja, ich sage ganz bewusst BEIDE Seiten. Denn sowohl Kind als auch Hund neigen im intensiven Spiel- und Tobemodus dazu, alles um sich herum zu vergessen. Dabei werden auch Grenzen und Regeln, die normalerweise selbstverständlich sind, vergessen. Dein Hund könnte in solchen Situationen trotz gut gefestigter Beißhemmung auch mal spielerisch zubeißen oder Dein Kind akzeptiert es nicht, wenn sich Dein

Hund plötzlich auf seinen Liegeplatz zurückzieht. Es quengelt und piesackt den Hund und irgendwann ist vielleicht dessen Geduld überstrapaziert.

Besonders intensiv musst Du bei den sogenannten Zerrspielen aufpassen, denn hierbei geben beide alles. Du weißt zwar vielleicht, wer der Stärkere der beiden ist, dasselbe muss aber weder für Deine Französische Bulldogge noch für Dein Kind gelten. Beide werden mit allen Mitteln versuchen, als Gewinner aus dem Spiel zu gehen. Bei beiden Beteiligten kann es dadurch zu Verletzungen kommen. Aus diesem Grund solltest Du spätestens in diesem Alter das Schluss-Kommando mit Deiner Französischen Bulldogge und Deinem Kind trainieren. Ziel des Kommandos ist es, dass beide mit dem, was sie tun, sofort aufhören, egal wie spannend oder spaßig es in diesem Moment auch ist. Das Schluss-Kommando dient sowohl zum Schutz Deines Kindes als auch Deiner Französischen Bulldogge. Die kurze Unterbrechung soll die Gemüter abkühlen, sodass eventuell ruhiger weitergemacht oder eine neue Beschäftigung aufgenommen werden kann.

So trainierst Du das „Schluss"-Kommando richtig:

Beginne das Training zunächst nur mit Deiner Französischen Bulldogge und ohne Dein Kind. Spiele mit ihr. Beende abrupt das Spiel, sage „Schluss", drehe Dich von ihr weg und schaue sie nicht an. Erst wenn sie sich ruhig verhält, wird sie von Dir belohnt. Wiederhole diese Übung so lange, bis Dein Hund sofort ruhig ist, wenn Du „Schluss" sagst. Jetzt nimmst Du Dein Kind dazu. Erkläre ihm, wofür die Übung da ist und wie wichtig sein Part dabei ist. Bitte Dein Kind, den Hund zu streicheln und damit aufzuhören, wenn Du „Schluss" sagst. Am besten dreht sich Dein Kind ebenfalls vom Hund weg und schaut ihn nicht mehr an. Wiederholt auch diese Übung etliche Male. Nur wenn der Hund das Streicheln nicht weiter einfordert (zum Beispiel durch Nasenstupser) wird er belohnt. Mein Tipp: Belohne auch Dein Kind! Klappt die Übung, könnt ihr den Schwierigkeitsgrad erhöhen, indem die Übung dynamischer wird. Nehmt ein Spielzeug dazu und startet von vorne. Sowohl Kind als auch Hund werden lernen, dass die Aktivitäten an sich nicht verboten sind, aber dass sie von Dir unterbrochen werden können.

Das Trainieren des Schluss-Kommandos eignet sich darüber hinaus hervorragend, um Dein Kind in das Training mit Deinem Hund einzubeziehen. Gemeinsam könnt ihr noch weitere Signale und Kommandos einüben. Ich empfehle Dir, Dein Kind diese Trainings nicht allein ausführen zu lassen. Dein Kind befindet sich sehr wahrscheinlich in der Kumpelposition. Wie bereits erwähnt zeichnen sich Französische Bulldoggen unter anderem auch durch ihren Dickkopf aus. Auch wenn es ihnen großen Spaß bereitet, mit Kindern zu spielen, heißt das noch lange nicht, dass sie auch nur ansatzweise bereit sind, von diesen Befehle anzunehmen. Ausnahmen bestätigen hierbei natürlich die Regel, aber das wird ganz gewiss nicht immer und überall der Fall sein. Deine Französische Bulldogge wird manchmal schlichtweg keine Lust haben und Dein Kind einfach ignorieren und damit weitermachen, womit sie gerade beschäftigt war. Dein Kind wird darauf in den meisten Fällen immer fordernder und verärgerter reagieren. Jetzt wäre es für Dich an der Zeit, einzuschreiten. Bist Du aber nicht da, um einzugreifen, kann die Situation weiter eskalieren. Hat Dein Kind schon einmal erlebt, wie Du eure Französische Bulldogge beispielsweise mit einem Schnauzgriff korrigierst, ist die Gefahr groß, dass es dieses Verhalten nachahmt und genau hier droht die größte Gefahr: Deine Französische Bulldogge wird es akzeptieren, von Dir korrigiert zu werden, das muss aber nicht unbedingt auch auf Dein Kind zutreffen. Mache Deinem

Kind daher klar, dass es nur zusammen mit Dir mit dem Hund trainieren darf und achte selbst darauf, dass Du niemals in Anwesenheit Deines Kindes korrigierende Maßnahmen ergreifst.

Je selbstständiger Dein Kind in diesem Alter ist, desto früher wird es an Dich mit dem Wunsch herantreten, allein mit dem Hund spazieren zu gehen und gerade bei so kleinen Rassen neigen Eltern schnell dazu, dem Wunsch ihrer Kinder nachzugeben. Davon möchte ich Dir auf jeden Fall abraten, denn es gibt zwei gute Gründe, die dagegen sprechen. Zum einen weißt Du nie, was den beiden während eines Spaziergangs begegnen oder passieren kann. Dein Kind könnte mit einer Situation vollkommen überfordert sein oder es springt rettend zwischen zwei kämpfende Hunde und bringt sich damit selbst in Gefahr. Zum anderen würdest Du dabei voraussetzen, dass Dein Hund Deinem Kind auf jeden Fall gehorchen wird, er es also als ranghöher anerkennt. In den allermeisten Fällen wird es ihm in diesem Alter aber noch an Souveränität, Weitsicht und Erfahrung fehlen, um wirklich der Boss in dieser Beziehung und nicht nur der Kumpel zu sein. Unbeaufsichtigte Spaziergänge können daher sowohl für Dein Kind als auch für Deinen Hund zur Gefahr werden.

Nachfolgende Fragen können Dir dabei helfen, den richtigen Zeitpunkt zu erkennen, an dem Spaziergänge ohne Begleitung möglich sind:

- ☐ Ist Dein Hund allen (auch fremden) Menschen gegenüber immer freundlich gesinnt?
- ☐ Reagiert er gelassen auf andere Tiere (inkl. Katzen und Wildtiere)?
- ☐ Verfügt er über einen guten Grundgehorsam und ist immer abrufbar (auch von Deinem Kind)?
- ☐ Reagiert Dein Hund ruhig auf laute Geräusche?
- ☐ Ist Dein Kind körperlich in der Lage, Deine Französische Bulldogge zu führen und sie auch festzuhalten, wenn sie an der Leine zerrt? Zwar ist ihre Kraft nicht so enorm wie bei größeren Rassen, aber auf dem falschen Fuß erwischt kann auch eine Französische Bulldogge ein Kind umreißen.
- ☐ Ist Dein Kind vernünftig genug, sich nicht schützend vor Deine Französische Bulldogge zu stellen, wenn diese von einem deutlich größeren Hund aggressiv angegangen wird?
- ☐ Ist Dein Kind vernünftig genug, sich an die von Dir aufgestellten Regeln zu halten?
- ☐ Ist es in der Lage, auf die Umwelt zu achten und potentielle Gefahren (zum Beispiel Autos) frühzeitig zu erkennen?

- ☐ Weiß Dein Kind, dass es bei Auseinandersetzungen zwischen Hunden auf keinen Fall eingreifen darf?

- ☐ Gibt es in eurer Nachbarschaft Hunde, von denen eine mögliche Gefahr ausgeht?

Neben dem richtigen Zeitpunkt zum alleinigen Spaziergang steht häufig auch die Frage im Raum, ab wann und ob überhaupt der Hund im Schlafzimmer der Kinder übernachten darf. Auf diese Frage pauschal zu antworten, ist fast unmöglich. Hier muss eine individuelle Einschätzung erfolgen. Im Prinzip spricht nichts dagegen, wenn der Hund gut sozialisiert ist und Dein Kind im Umgang mit dem Hund die aufgestellten Regeln beachtet. Gerade auf gestresste und von Albträumen geplagte Kinder wirkt ein Hund im Schlafzimmer oft sehr beruhigend. Außerdem vermittelt er Sicherheit und nimmt das Gefühl des Alleinseins. Beobachte Kind und Hund im Alltag und vertraue auf Dein Bauchgefühl, wann der richtige Moment gekommen ist.

Teenager

Im Teenager-Alter ist es endlich soweit, dass Dein Kind von Deinem Hund als gleichwertiges Familienmitglied anerkannt wird, dessen Anweisungen er durchaus ernstnehmen muss. Wann genau dieser Zeitpunkt gekommen ist, bestimmst weder Du noch Dein Kind, sondern einzig und allein Deine Französische Bulldogge. Beeinflusst wird ihre Entscheidung von dem souveränen, selbstbewussten und vor allen Dingen konsequenten Handeln Deines Kindes ihr gegenüber.

Ich habe schon oft erlebt, dass Teenager sehr bewusst mit ihren Hunden umgegangen sind und große Begeisterung am gemeinsamen Training hatten. Durch ihr deutlich intuitiveres Verhalten, ihr hohes Engagement und ihre Begeisterungsfähigkeit ist es durchaus nicht unüblich, dass die Hunde bei ihnen sogar motivierter und erfolgreicher am Training mitwirken als bei den Eltern. Du kannst dazu übergehen, Deinem Kind immer mehr Verantwortung zu übertragen und es mehr und mehr allein machen lassen.

Etwas problematisch kann es schon mal bei männlichen Jugendlichen und Rüden werden. Manchmal sieht der Rüde in dem heranwachsenden Jungen auf einmal einen Konkurrenten, dessen Anweisungen er bewusst ignoriert und dem er auch schon mal seine Grenzen aufzeigt. Hierbei kann es sogar bis hin zu Beißvorfällen kommen. Ich möchte aber betonen, dass dieses Verhalten von Rüden nicht die

Regel, sondern eher die Ausnahme darstellt. Solltest Du jedoch wachsende Spannungen zwischen Deinem Jungen und Deinem Rüden wahrnehmen, solltest Du frühzeitig einen professionellen Hundetrainer hinzuziehen, der sich die Situationen bei euch zu Hause vor Ort anschaut und gemeinsam das weitere Vorgehen mit euch festlegt. Mädchen gegenüber ist mir dieses Verhalten nicht bekannt, auch nicht von Hündinnen. Allerdings kann es auch schon mal Freunden gegenüber auftreten, die mit nach Hause gebracht werden. Auch in diesem Fall solltest Du zeitnah professionelle Unterstützung hinzuziehen.

Ein Hemmnis in der Kind-Hund-Beziehung können in dieser Altersphase ebenfalls die berühmt-berüchtigten Stimmungsschwankungen der Teenager sein. Eben noch war das Training mit dem Hund das Größte auf der Welt und plötzlich ist einfach alles doof und ganz besonders der Hund, der nicht sofort Sitz gemacht hat. Treten diese Schwankungen zu oft auf und wird der Teenager auch gegenüber dem Hund schon mal ohne erkennbaren Grund ungehalten, kann dies zu einem Rückzug des Hundes führen. Er wird Dein Kind immer mehr meiden, da sein Verhalten für ihn nicht logisch und konsequent ist. Er kann ihm nicht mehr wirklich vertrauen. Dein Kind muss daher lernen, sich gegenüber dem Hund zurückzunehmen und sich immer klar und konsequent zu verhalten. Hat es keine Lust auf Training, weil die Welt gerade einfach doof ist, dann sollte es das Training besser ausfallen lassen. Auch in angespannten Situationen ist es besser, das Training abzublasen. Korrigiert werden sollte der Hund von jüngeren Teenagern immer noch nicht. Auch hier ist es noch besser, wenn die Eltern zu Hilfe gerufen werden und das Korrigieren übernehmen.

VORBEREITUNGEN WÄHREND DER SCHWANGERSCHAFT

Schwangerschaften sind für die meisten Paare etwas ganz besonderes und machen das Familienglück perfekt. So unterschiedlich Schwangerschaften auch sein können, eines haben sie immer alle gemein: Sie sind ein Neubeginn. Damit dieser Neubeginn für Deine Französische Bulldogge so einfach wie möglich wird, empfehle ich Dir, die Zeit der Schwangerschaft zu nutzen, um sie bestmöglich auf das vorzubereiten, was danach passieren wird. Meist spürt ein Hund auch schon von sich aus, dass etwas passiert. Er wird der zukünftigen Mutter gegenüber vorsichtiger, legt häufiger den Kopf auf den Schoß oder fängt an, sie zu bewachen. Wenn Du feststellen solltest, dass Deine Französische Bulldogge sich häufig wie zufällig direkt vor oder neben Dich setzt, wenn jemand auf Dich zugeht, ist dies ein klares Zeichen seines erwachenden Beschützerinstinktes. Dieses Verhalten, welches zwar gut gemeint ist, solltest Du schnellstmöglich unterbinden. Zeige Deinem Hund, dass Du immer noch Herrin der Lage bist, indem Du ihn ein kleines Stück hinter Dir absetzt. Doch das ist nur die Spitze des Eisberges. Auf den nachfolgenden Seiten besprechen wir, wie Du mit den bisherigen Privilegien Deines Hundes umgehst, wie Du sie schrittweise abbaust und neue Regeln und Abläufe etablierst. So ist die Ankunft des Babys für Deinen Hund nicht mit lauter negativen Veränderungen verbunden, die plötzlich über ihn hereinbrechen, sondern Du gewöhnst ihn schon vorab schrittweise an ein paar Änderungen.

Hierzu sollten unter anderem folgende Veränderungen gehören:

- Schläft Deine Französische Bulldogge in eurem Schlafzimmer oder sogar im Bett, solltet ihr schon während der Schwangerschaft einen Schlafplatz etablieren, der besser für das Zusammenleben mit einem Neugeborenen geeignet ist. Dieser kann noch im selben Raum sein, aber besser nicht mehr im Bett. Ihr solltet zudem sicherstellen, dass euer Hund auch dort bleibt, wenn es notwendig ist. Eine schließbare Box hat sich hierbei für viele als sinnvoller Kompromiss erwiesen. Hintergrund für diese Maßnahme ist der, dass die Vorstellung, dass euer Baby immer in seinem eigenen Bett schlafen wird, eine pure Illusion ist. Auch wird es zu Beginn häufig noch mehrmals in der Nacht versorgt und gefüttert werden müssen, was durch unkalkulierbare Aktionen des Hundes nicht noch unbedingt erschwert werden sollte. Auch die Stolpergefahr im Schlafzimmer sollte dabei nicht unberücksichtigt bleiben. Und mitten in einer schlaflosen Nacht eine Diskussion mit Deinem Hund anzufangen, dass er jetzt das Bett verlassen muss, weil das Baby bei euch schläft, ist für alle Seiten keine gute Erfahrung. Besser ist es daher, ihn schon vorab an einen neuen Schlafplatz, der gerne noch in eurer Nähe sein kann, aber nicht im direkten Weg zum Kinderzimmer liegt und eventuell schließbar ist, zu gewöhnen.

- Das Kinderzimmer solltest Du als Tabuzone etablieren. Bringe Deiner Französischen Bulldogge (eventuell auch unter Zuhilfenahme eines Türgitters) bei, dass sie dieses Zimmer nicht mehr betreten darf. Trainiere gegebenenfalls mit ihr, auf Dein Kommando hin Räume zu verlassen. Hintergrund ist hier, dass wir zum einen durch die räumliche Tabuisierung Deiner Französischen Bulldogge vermitteln, dass sie nicht verantwortlich für Dein Kind ist. Zum anderen kann ein Hund im Babyzimmer schnell zum Hindernis oder Ärgernis werden. Hier liegt schon mal etwas auf dem Boden, von dem Du nicht möchtest, dass es im Hundemaul landet oder Du bist abgelenkt, siehst den schlafenden Hund nicht und stolperst über ihn. Ein Betretungsverbot ist daher gerade in den ersten Jahren sehr hilfreich für Dich und vermeidet unnötigen Stress und auch Unfälle.

- Das Liegen auf dem Sofa oder dem Bett muss nicht notwendigerweise dauerhaft verboten werden, wenn Du es nicht willst. Was Du aber unbedingt einführen musst, ist, dass Deine Französische Bulldogge nur auf Deinen expliziten Befehl hin auf das Bett oder das Sofa darf. Darauf aufbauend musst Du ebenfalls trainieren, dass sie auch beides wieder auf Deinen Befehl hin verlässt. Hierbei geht es um die Sicherheit Deines Babys. Auch wenn Deine Französische Bulldogge keine bösen Absichten hegt, kann sie ein Baby mit ihren Krallen oder auch ihren bis zu 14 kg Gewicht verletzen, wenn sie auf die Couch springt.

- Räume im Idealfall alle Spielzeuge Deines Kindes immer wieder beiseite. Um zu verhindern, dass herumliegendes Kinderspielzeug als Hundespielzeug angesehen wird, sollte Dein Hund lernen, dass nur Du ihm Spielzeug gibst. Alles was herumliegt, ist zu ignorieren. Dasselbe gilt für Essen. Der freie Zugang zu Essen sollte von Dir eingestellt werden. Es gibt nur noch zu festgelegten Zeiten Essen. Im Idealfall trainiert ihr sogar, dass Essen, welches vom Tisch fällt, ignoriert wird.
- Und zu guter Letzt muss Dein Hund lernen, dass es okay ist, wenn Du ihn ignorierst.

Gerade das frühzeitige Training des Ignorierens wird von vielen Haltern in der Schwangerschaft stark vernachlässigt oder sogar noch durch das gegenteilige Handeln verschlimmert. Viele Hunde sind bis zur Schwangerschaft das einzige „Kind“ in der Familie und haben nie gelernt, dass sie sich die Aufmerksamkeit von Herrchen und Frauchen teilen müssen. Damit der Einzug Deines Babys kein Schock für Deine Französische Bulldogge wird, kann ich Dir nur empfehlen, das Ignorieren frühzeitig zu üben. Überlege einmal, wie viel Zeit Du momentan aktiv mit Deinem Hund verbringst. Wie oft streichelst Du ihn dabei unbewusst? Vielleicht solltest Du tatsächlich mal eine Strichliste führen, ich bin mir sicher, dass Du über das Ergebnis überrascht wärst. Jetzt während der Schwangerschaft ist die beste Zeit, um ihn daran zu gewöhnen, dass Du nicht immer – und vor allen Dingen nicht immer sofort – auf seine Wünsche und Bedürfnisse reagieren kannst. Ignoriere ihn öfters mal, wenn er etwas von Dir will (zum Beispiel eine Streicheleinheit, ein Spiel mit dem Ball oder auch sein Futter). Viele Halter trainieren auch in der Schwangerschaft schon aktiv mit einer Babypuppe. Diese wird in den Übungssequenzen genauso behandelt wie ein Kind und der Hund wird währenddessen ignoriert. Kommt er angelaufen, wenn Du mit Deinem „Kind“ auf dem Boden schmust, schiebst Du ihn energisch fort. Sollte er das nicht akzeptieren und wieder angelaufen kommen, schickst Du ihn auf seinen Liegeplatz. Steht er auch von dort wieder auf, solltest Du ihn schon während der Schwangerschaft daran gewöhnen, dort auch mal mit der Leine gesichert zu werden.

Zusätzlich hilfreich kann es in dieser Phase sein, wenn Du mit Deiner Französischen Bulldogge trainierst, dass es vollkommen okay ist, wenn Du andere Hunde beachtest und streichelst. Triffst Du beim Spaziergang zum Beispiel einen anderen Halter mit Hund, setzt Du Deine Französische Bulldogge hinter Dir ab und signalisierst ihr, dass sie dort bleiben soll. Jetzt begrüßt Du den anderen Halter und streichelst im Anschluss kurz den anderen Hund. Bleibt Dein Hund brav sitzen, wird er von Dir dafür belohnt. Hat er es jedoch nicht auf seinem Platz ausgehalten, schickst Du ihn kommentarlos wieder zurück, setzt ihn ab und wendest Dich wieder dem anderen Hund zu. Halte die Zeit diesmal aber möglichst kurz und streichle wenig intensiv, damit Deine Französische Bulldogge es diesmal schafft, sitzen zu bleiben. Mit der Zeit kannst Du sowohl die Dauer, als auch die Intensität steigern. Lasse Deinen Hund am Anfang aber auf jeden Fall angeleint und stelle Dich während der Übung am besten auf die Leine. So verhinderst Du, dass er sich unkontrolliert entfernen kann. Grundvoraussetzung für die Übung ist natürlich, dass er die Kommandos Sitz und Bleib bereits beherrscht.

Unglaublich wichtig ist mit einem Baby auch das Signal Platz und die Tatsache, dass es nicht irgendwann, sondern unverzüglich ausgeführt wird. Mit einem Kleinkind geht es gerne mal turbulent zu und Du als Elternteil hast dabei im wahrsten Sinne des Wortes alle Hände voll zu tun. Meist liegt in einem Arm das Baby, im anderen hältst Du den

Schnuller, ein Spucktuch oder ein Fläschchen (oder auch alles auf einmal) und plötzlich fällt etwas herunter oder kippt um. Ein aufgeregter Hund, der sofort um euch herumspringt, ist in einer solchen Situation selten hilfreich. Daher rate ich Dir, schon während der Schwangerschaft das Platz-Kommando intensiv zu üben und dabei vor allen Dingen auf eine schnelle Ausführung Wert zu legen. Trainiere dafür auch im Spiel mit Deiner Französischen Bulldogge. Motiviere sie beispielsweise mit einem Spielzeug zum Spielen. Bewege dieses schnell vor ihrer Nase hin und her. Sie kann sich dabei ruhig mit dem Spielzeug hin und her bewegen. Urplötzlich gehst Du in die Knie, führst dabei auch das Spielzeug nach unten und sagst „Platz". Sobald Dein Hund liegt, belohnst Du ihn mit dem Spielzeug. Wiederhole diese Übung immer und immer wieder. Dadurch übst Du mit Deiner Französischen Bulldogge, dass sie sich auch in einer schnellen Bewegungssituation auf Dein Signal hin sofort hinlegt und auf weitere Anweisungen von Dir wartet. Jedes Neuelternteil wird bestätigen können, wieviel dieses Training später einmal Wert ist. Die Liegezeit solltest Du schrittweise verlängern und sie am Anfang nur sehr kurz halten.

Im Zusammenhang mit Babys wird auch immer wieder ein Maulkorb ins Spiel gebracht – auch wenn dies eher bei größeren Rassen der Fall ist. Für mich gilt, ein Hund, der schon vorher ein aggressives Verhalten Menschen und insbesondere Kindern gegenüber an den Tag gelegt hat, sollte auf keinen Fall in einer Familie mit Kindern leben. Ein Maulkorb ist in diesem Fall keine Lösung. Ganz im Gegenteil kann er Dich sogar in einer falschen Sicherheit wiegen. Grundsätzlich halte ich ein Maulkorbtraining allerdings bei jedem Hund für sinnvoll und sei es nur, um ihn auch auf einer Bahnfahrt mitzunehmen oder ihn beim Tierarzt vor einer schmerzhaften Spritze anzulegen. Sitzt der Maulkorb korrekt und hat Deine Französische Bulldogge ihn ruhig und ohne Stress kennengelernt und sich an ihn gewöhnt, brauchst Du kein schlechtes Gewissen deswegen zu haben. Es kann dann sogar Sinn machen, ihn in den ersten Tagen mit dem Baby anzulegen. Denn das gibt Dir noch etwas mehr Sicherheit und wenn Du Dich sicher fühlst, verhältst Du Dich ruhiger und entspannter, was sich wiederum auf Deine Französische Bulldogge übertragen wird. Bei der Rasse der Französischen Bulldogge ist nach meinem Ermessen ein Maulkorb zur Eingewöhnung an das Baby nur in den seltensten Fällen notwendig. Wenn Du Dich damit jedoch sicherer fühlst, solltest Du es aber auf jeden Fall machen. Das ist vollkommen in Ordnung. Das Tragen des Maulkorbs zu trainieren, ist zum Glück auch nicht schwer.

Zur Eingewöhnung an den Maulkorb rate ich Dir, ein Futterstück hineinzulegen. Dein Hund soll dieses dann herausnehmen. Um ihn dazu zu animieren, länger mit der Schnauze im Maulkorb zu bleiben, kannst Du entweder eine Futterstange unten langsam nachschieben, während er sie abknabbert oder eine Leckerchentube verwenden, die er abschlecken kann. Beende das Training immer, indem Du das Leckerchen (oder die Tube) wegnimmst und „Kopf raus“ sagst. Deine Französische Bulldogge wird automatisch die Schnauze aus dem Maulkorb nehmen und Dein Signalwort damit verknüpfen. So stellst Du sicher, dass sie später akzeptiert, den Maulkorb so lange anzulassen, bis Du ihn wieder abnimmst. Klappt die Übung gut, kannst Du damit beginnen, die Riemen hinter dem Kopf für einen kurzen Moment zu schließen. Klappt auch das, lässt Du den Maulkorb an und lenkst Deinen Hund mit einer kurzen Trainingseinheit davon ab. Seid ihr auch damit erfolgreich, kommt der nächste Schritt: Dein Hund muss lernen, dass der Maulkorb nicht immer bedeutet, dass jetzt etwas Großartiges und Spannendes mit ihm gemacht wird. Gehe stattdessen mal mit ihm spazieren oder lasse ihn den Maulkorb einfach in der Wohnung tragen. Bitte lasse ihn aber niemals unbeaufsichtigt, da er damit durchaus irgendwo hängenbleiben und in Panik geraten kann.

Die Zeit der Schwangerschaft solltest Du ebenfalls nutzen, um Deinen Hund an möglichst viele Gegenstände zu gewöhnen, die mit dem Baby zu eurem neuen Alltag gehören werden. Damit meine ich vor allem den Kinderwagen und die Babywippe. Unterschätze nicht, wie herausfordernd es ist, wenn Du allein mit dem Kind, dem Kinderwagen und Deiner Französischen Bulldogge spazieren gehst. Du wirst häufig stoppen müssen, weil Dein Kind beispielsweise den Schnuller ausgespuckt hat oder weint und ein ziehender

Hund an der Leine ist dabei keine große Unterstützung. Mein Tipp ist daher: Schaffe den Kinderwagen möglichst früh an und beginne schon während der Schwangerschaft, das Gassi gehen mit Wagen zu trainieren. Idealerweise sollte Deine Französische Bulldogge dabei immer neben Dir und nicht neben dem Kinderwagen laufen. Dadurch musst Du nicht fürchten, sie mit dem Kinderwagen anzufahren, wenn Du abbiegst und hast sie auch deutlich besser im Blick. Übe dabei nicht nur das geradeaus Gehen, sondern auch das links und rechts abbiegen, sowie die 180-Grad-Kurve. Auch das häufige Stehenbleiben, während Du Dich um das fiktive Kind im Wagen kümmerst, solltest Du trainieren. Setze Deinen Hund dabei ab und lasse ihn geduldig warten. Binde niemals die Leine am Kinderwagen fest. Dein Hund kann sich immer mal erschrecken oder plötzlich in den Jagdmodus schalten und nicht immer kannst Du schnell genug reagieren.

Du kannst mir glauben, dass dieses Training – so seltsam es auch sein wird – sich doppelt und dreifach für euch auszahlen wird. Dasselbe gilt für die Babywippe (wie zum Beispiel einen Maxi-Cosi). Schaffe diese ebenfalls möglichst früh an. Dein Hund sollte von Beginn an lernen, dass er sich dieser Babywippe nicht nähern soll. Schiebe ihn jedes Mal konsequent weg, wenn er sie beschnüffeln will und verbinde dies mit dem Kommando „Nein“. Ebenfalls trainieren solltet ihr das Nachhausekommen. So schön wie es als kinderloser Haushalt auch ist, wenn ihr beim Nachhausekommen übereifrig von eurer Französischen Bulldogge begrüßt werdet, so nervig wird es sich mit Kind und Babywippe erweisen. Als Elternteil, das mit der schweren Babywippe in einem Arm und den Einkäufen im anderen die Haustür reinkommt, wirst Du es nicht zu schätzen wissen, wenn bevor Du auch nur in der Lage bist, irgendetwas abzustellen, eine übermütige Französische Bulldogge um euch herumspringt. Trainiere daher schon während der Schwangerschaft, dass der Hund auf seinem Liegeplatz warten soll, wenn ihr nach Hause kommt und er erst dort von euch überschwänglich begrüßt wird. Auch diese Übung wird euer gemeinsames Leben als Familie deutlich erleichtern.

Häufig höre ich schlaue Tipps, dass die Väter aus dem Krankenhaus eine volle Windel mitbringen und diese dem Hund zeigen sollen. Aber ist das wirklich nötig? Nein, ist es nicht! Deine Französische Bulldogge nimmt so oder so alle Geruchsmoleküle an Dir wahr, sobald Du das Haus betrittst. Ein normaler Vater wird im Krankenhaus sehr wahrscheinlich sein Kind in den Armen halten, es schmusen und vielleicht sogar wickeln. Dabei wird er unweigerlich auch dessen Geruch aufnehmen. Eine Windel ist dafür nicht notwendig. Dein Hund wird so oder so merken, dass hier ein neuer Geruch dazugekommen ist und diesen gründlich erschnuppern. Bei der gemeinsamen Rückkehr aus dem Krankenhaus empfehle ich, dass der Papa das Kind übernimmt. Mutter und Hund haben sich länger nicht gesehen und die Freude über die Rückkehr wird auf beiden Seiten groß sein und sollte nicht durch die Sorge um das Kind gestört werden. Eine kurze Schmuse- oder Tobeeinheit kann je nach Gesundheitszustand der Mutter durchaus eingelegt werden, bevor dem Hund das neue Familienmitglied gezeigt wird. Er darf dabei ruhig neugierig schauen, wer der Neuankömmling ist. In den ersten beiden Wochen sollte er aber noch keinen direkten Kontakt zum Baby bekommen. Damit zeigst Du Deinem Hund, dass es sich ausschließlich um Dein Kind handelt und er keine Verantwortung oder Aufgaben übernehmen muss und auch nicht soll. Bleibst Du konsequent, wird Dein Hund das sehr wahrscheinlich schnell akzeptieren, da sich auch eine Hündin in einem wilden Rudel ebenso verhält. Schauen aus der Entfernung ist okay, nah rankommen, mit der Nase anstupsen, ablecken oder vor der Liege Platz nehmen ist nicht gestattet. Schicke ihn jedes Mal konsequent, aber auf keinen Fall böse weg. Seine Neugierde soll nicht bestraft werden. Aber es muss ihm klar werden, wer für das Kind verantwortlich ist und wer nicht.

Je nach dem, wie unsicher Du bezüglich der Eingewöhnung bist oder wie leicht oder schwer die Geburt gefallen ist, kann es durchaus auch Sinn machen, dass der Hund für die Phase der Geburt und die ersten ein, zwei oder auch drei Wochen bei Bekannten untergebracht wird. Wichtig ist, dass er diese und auch seine neue Unterkunft bereits kennt und dort schon öfters (vielleicht auch während der Schwangerschaft) übernachtet hat. So habt ihr die Möglichkeit, euch erst mal selbst an die neue Situation zu gewöhnen, und erst wenn ihr bereit dazu seid, eure Französische Bulldogge dazuzuholen.

Hat sich euer Hund dann schon während der Schwangerschaft an eine Reduzierung seiner Privilegien gewöhnt, hat er die neuen Regeln (wie das Nichtbetreten des Kinderzimmers oder den neuen Schlafplatz außerhalb des Bettes) bereits akzeptiert und auch den Kinderwagen und die Babywippe kennengelernt, wird die Eingewöhnung sowie der neue Familienalltag deutlich einfacher werden. Wenn Du merkst, dass Deine Französische Bulldogge in Bezug auf Dein Baby schon komplett entspannt reagiert und nicht mehr immer Schnüffeln und Schauen will, was da los ist, kannst Du ihr langsam unter Beobachtung gestatten, mal am Baby zu riechen und vielleicht auch die Hand abzuschlecken. Grundsätzlich gilt jedoch, je weniger Interesse der Hund am Baby zeigt, desto besser und entspannter gestaltet sich euer Familienleben. Du brauchst auch keine Bedenken zu haben, dass deshalb die Hund-Kind-Beziehung geschwächt wird. Das ist nicht der Fall.

Abschließend möchte ich Dich noch daran erinnern, bitte gerade in den ersten aufregenden Tagen auch die Bedürfnisse Deines Hundes nicht zu vergessen. Vernachlässige bei allem Stress um das Baby nicht die täglichen Spaziergänge und Trainingseinheiten. Denn nur eine ausreichend ausgelastete Französische Bulldogge ist ein wirklich entspannter Hund.

Was Du bei Deiner Französischen Bulldogge besonders beachten musst

Du weißt bereits aus einem vorherigen Kapitel, dass Deine Französische Bulldogge als Familienhund geeignet ist. Gerade während der Schwangerschaft rate ich Dir, gut darauf zu achten, dass Dein Hund kein unnötiges Beschützerverhalten Dir gegenüber aufbaut. Zwar ist die Rasse dafür an sich nicht besonders anfällig, doch gerade deshalb wird das Beschützerverhalten bei ihr als besonders süß und liebenswert angesehen und selten gegengesteuert. Die meisten Halter interpretieren es zu Beginn als positive Eigenschaft – doch das ist sie nicht. Wenn Du nicht möchtest, dass Deine Französische Bulldogge den Eindruck gewinnt, dass sie Dein Bodyguard ist und entscheiden darf, mit wem Du redest und wer sich Dir nähern darf, dann solltest Du dieses Verhalten schon zu Beginn der Schwangerschaft sofort unterbinden. Umso wichtiger wird es, wenn euer Baby da ist. Achte auch hier auf die Anzeichen und unterbinde sie.

Gerade wegen ihrer Größe wird bei Französischen Bulldoggen das Anspringen zur Begrüßung aber auch das Ziehen an der Leine von vielen Haltern als normal empfunden und nicht von Beginn an unterbunden. Für einen kinderlosen Haushalt kann das zwar schon mal nervig sein, aber gerade mit Baby sieht das Ganze schon anders aus. Daher rate ich Dir ebenfalls trotz der vermeintlich geringen Größe und Kraft Deines Hundes, die Trainings bezüglich des Nachhausekommens, aber auch des Spazierengehens wirklich ernst zu nehmen und frühzeitig anzugehen. Sie werden Deinen späteren Familienalltag deutlich erleichtern.

Da Deine Französische Bulldogge ein sehr sensibles Tier ist, das den Anschluss an seine Familie sucht, ist es dabei ebenfalls ratsam, auch während der Schwangerschaft nicht alles auf einmal zu ändern, sondern schrittweise. Auch wenn Deine Französische Bulldogge wahrscheinlich spürt, dass eine große Veränderung bevorsteht, heißt das nicht, dass sie auch versteht, warum sie nicht mehr bei euch im Bett schlafen soll. Gehe daher behutsam, aber gleichzeitig auch konsequent vor. Böse Worte oder Bestrafungen haben aber – wie sonst auch – auch während der Schwangerschaft keinen Platz in der Hundeerziehung.

Checkliste – Vorbereitung während der Schwangerschaft:

- ☐ Unterbinde Beschützerverhalten von Beginn an.
- ☐ Etabliere einen geeigneten Schlafplatz für Deine Französische Bulldogge (nicht im Bett, aber auch nicht auf dem Weg zum Kinderzimmer). Am besten sollte dieser schließbar sein.
- ☐ Erkläre das Kinderzimmer zur Tabuzone. Nutze eventuell ein Türgitter, damit euer Hund sehen kann, was im Zimmer passiert.
- ☐ Trainiere, dass Sofa und Bett nur noch auf Dein Kommando hin von eurem Hund benutzt werden dürfen.
- ☐ Gewöhne Deinen Hund daran, manchmal von Dir ignoriert zu werden.
- ☐ Verfestige das Platz Kommando und das auf den Liegeplatz gehen.
- ☐ Gewöhne Deine Französische Bulldogge eventuell an das Tragen eines Maulkorbs.
- ☐ Mache sie mit Baby-Gegenständen wie Kinderwagen und Wippe vertraut und trainiere im Idealfall auch schon das Spazierengehen mit Kinderwagen mit ihr.
- ☐ Lasse sie das Baby sehen, zeige ihr aber von Beginn an, dass sie nicht verantwortlich ist, indem sie Distanz wahren muss.

Wichtige Regeln für Kinder

Die Beziehung von Kindern und Hunden ist etwas ganz besonderes. Damit das auch so bleibt, ist es wichtig, dass sich nicht nur der Hund, sondern auch die Kinder an spezielle Regeln halten. Welche das sind, erfährst Du in diesem Kapitel. Im Prinzip gibt es zwei Grundsätze, die stets zu beachten sind und die wohl auch für die meisten anderen Beziehungen gelten: Der respektvolle Umgang miteinander und die Einhaltung der Individualdistanz.

Doch was ist damit genau gemeint?

Es ist wichtig, dass Kinder von klein auf lernen, dass sie den Familienhund nicht bedrängen dürfen. Über den Hund beugen, zu enger Körperkontakt oder zu heftiges Streicheln wird von den meisten Hunden als unangenehm empfunden. Achte beim Kind-Hund-Kontakt genau auf die Körpersprache Deiner Französischen Bulldogge und erkläre Deinem Kind, dass sich der Hund bei bestimmten Dingen unwohl fühlt. Am besten führst Du einen Vergleich auf, wie sich Dein Kind in ähnlichen Situationen fühlt (zum Beispiel, wenn die Tante im Supermarkt ihm in die Wange kneift) und zeige Parallelen zu der zu heftigen Umarmung des Hundes auf. Anstarren ist für die meisten Hunde ebenfalls unangenehm und kann zu einem Gefühl der Bedrängnis führen.

Zudem muss Dein Kind den Unterschied zwischen einem Spielzeug und eurer Französischen Bulldogge kennen. Der Hund darf auf keinen Fall zu etwas gezwungen werden, was er nicht tun möchte. Geht der Hund weg oder dreht er sich auch nur weg, muss Dein Kind verstehen, dass er kein Interesse hat und es darf keinen weiteren Druck ausüben. Ich persönlich bin des Weiteren kein Fan davon, wenn Kinder Hunde hochheben. Da Du Dich für eine Französische Bulldogge entschieden hast, wird dies wahrscheinlich nicht nur im Welpenalter möglich sein, sondern auch danach. Aber auch in diesem Alter ist es keine gute Idee. Will der Hund einmal nicht hochgehoben werden, fängt er an zu zappeln und wird dann von den überforderten Kindern hilflos fallen gelassen. Auch kann es vorkommen, dass plötzlich etwas anderes das Interesse des Kindes weckt und der Hund ebenfalls an Ort und Stelle fallengelassen wird. Deine Französische Bulldogge kann sich hierbei nicht nur ernsthaft verletzten, sondern auch die Kind-Hund-Beziehung kann dadurch einen dauerhaften Schaden erleiden. Erkläre Deinem Kind daher von Beginn an, dass Hunde keine Schmusetiere sind und dass ihre Beine dafür da sind, dass sie damit selbst laufen. Hunde sind zudem auch keine Puppen, die man nach Belieben verkleiden oder schminken kann.

Obwohl es selbstverständlich sein sollte, ist das Ärgern von Hunden ebenfalls von Beginn an zu untersagen. Das absichtliche Ziehen an Ohren oder Piksen mit einem Stock ist für Deine Französische Bulldogge schmerzhaft und die meisten Hunde können durchaus unterscheiden, ob diese Schmerzen absichtlich oder unabsichtlich verübt wurden. Wenn Du solch ein Verhalten bei Deinem Kind beobachtest, erinnerst Du es am besten an eine Situation, in der es sich verletzt hat. Lasse es beschreiben, wie es sich dabei gefühlt hat und frage es, ob es es gut finden würde, wenn der Hund ihm diese Schmerzen zufügen würde. Erkläre ihm daraufhin, dass auch eure Französische Bulldogge ähnliche Schmerzen empfindet, wenn sie getreten oder geschlagen wird.

Installiere auf jeden Fall einen festen Ruheplatz, an dem euer Hund auf keinen Fall gestört wird, wenn er sich dorthin zurückzieht. Ich vergleiche diesen Platz gerne mit einem Herd. Alle Eltern bringen ihren Kindern, sobald sie laufen können, mit großem Nachdruck bei, dass sie auf keinen Fall die Hand auf den Herd oder die Ofentür legen dürfen, da von beiden eine große Gefahr ausgeht. Mit ähnlichem Nachdruck solltest Du Deinem Kind vermitteln, dass Deine Französische Bulldogge auf ihrem Ruheplatz ebenfalls tabu ist. Tatsächlich kann auch von einer ausgewachsenen Französischen Bulldogge, die im Schlaf von einem ungestümen Kind gestört oder pausenlos bedrängt wird, eine fast noch größere Gefahr ausgehen als von einer heißen Herdplatte.

Gut ist es auch, wenn Dein Kind weiß, dass eure Französische Bulldogge viel besser hört als jeder Mensch und dass es für sie daher sehr unangenehm ist, wenn in ihrer direkten Nähe laut gequietscht oder geschrien wird. Viele Hunde sind darüber hinaus damit überfordert, wenn Kinder laut schreiend durch das Haus laufen oder toben. Sie wissen mit diesen Situationen nicht umzugehen und fühlen sich sehr unwohl – gerade in solchen Situationen kann es schnell zu Kurzschlusssituationen kommen. Natürlich heißt das nicht, dass Dein Kind in eurem Haus nicht mehr rennen darf, aber in der direkten Umgebung des Hundes und insbesondere in der Nähe seines Liegeplatzes sollte es lernen, sich selbst zurückzunehmen. Das gilt insbesondre auch für laute Streitigkeiten mit Geschwistern oder anderen Kindern.

Doch neben all den Verboten gibt es auch Positives für Dein Kind zu lernen. Die meisten Hunde lieben es, gestreichelt zu werden und da bildet eure Französische Bulldogge bestimmt keine Ausnahme. Zeige ihm daher nicht nur, was es nicht darf, sondern auch, was erwünscht ist. Zeige ihm, dass Hunde gerne am seitlichen Hals und am Bauch gestreichelt werden. Wildes Klopfen oder Patschen von oben auf den Kopf sind jedoch selten willkommen. Gleiches gilt fürs Spielen. Sowohl für Hunde als auch Kinder ist das gemeinsame Spiel das schönste am Zusammenleben. Wichtig dabei ist aber, dass Dein Kind schon früh versteht, dass eure Französische Bulldogge wahrscheinlich andere

Vorlieben hat, als es selbst. Das Spiel mit Puppen oder Legoklötzchen wird eine Französische Bulldogge niemals zu schätzen wissen, dafür ist sie für Apportierspiele, Wettrennen und Tricks eher zu begeistern. Bespreche mit Dienem Kind, was es selbst gerne macht und was eurer Französischen Bulldogge gefällt. Findet zusammen Gemeinsamkeiten und baut diese aus. Leite Dein Kind im gemeinsamen Spiel an und helfe ihm bei Bedarf. Achte auch darauf, dass es nicht zu wild wird, lehne Dich ansonsten jedoch zurück und genieße es, den Spielenden zuzuschauen.

Nachfolgend habe ich Dir alle wichtigen Punkte nochmal in einer übersichtlichen Checkliste zusammengefasst. Außerdem habe ich noch eine Checkliste für den Umgang mit fremden Hunden ergänzt. Es ist wichtig, dass Dein Kind früh den Unterschied zwischen dem eigenen Hund und fremden Hunden erlernt. Denn gerade Kinder, die mit Hunden aufwachsen, sind im Umgang mit ihnen oft unbekümmert. Fremde Hunde könnten jedoch nicht so gut sozialisiert sein wie der eigene Hund und daher für die Kinder unerwartet reagieren. Aus diesem Grund habe ich in meiner Checkliste ein paar Verhaltenstipps aufgeführt, die einen problemfreien Umgang auch mit fremden Hunden ermöglichen.

Checkliste für Dein Kind im Umgang mit dem eigenen Hund

Bedränge Deinen Hund nicht!

- ☐ Beuge Dich nicht über den Hund
- ☐ Schaue dem Hund nicht dauerhaft in die Augen
- ☐ Klettere nicht über den Hund und lasse Dich auch nicht auf ihn fallen

Zwinge Deinen Hund zu nichts, was er nicht möchte!

- ☐ Hebe Deinen Hund nicht hoch
- ☐ Verkleide ihn nicht

Ärgere Deinen Hund nicht!

- ☐ Tue dem Hund nicht absichtlich weh
- ☐ Bestrafe oder korrigiere ihn nicht, wenn er nicht das tut, was Du möchtest

Beachte seinen Rückzugsort!

- ☐ Störe den Hund niemals beim Schlafen
- ☐ Lasse ihn auf seinem Liegeplatz in Ruhe
- ☐ Störe ihn nicht beim Fressen

Gehe mit Deinem Hund leise um!

- ☐ Probiere, in seiner Gegenwart nicht zu laut zu sein

- ☐ Vermeide lautes Schreien, Toben und Streiten

Streichle Deinen Hund!

- ☐ Sei vorsichtig und sanft
- ☐ Streichle am seitlichen Hals und am Bauch
- ☐ Klopfe nicht auf den Kopf

Spiele mit Deinem Hund!

- ☐ Achte beim Spielen auch auf die Vorlieben Deines Hundes
- ☐ Werde beim Spielen nicht zu wild
- ☐ Breche das Spiel ab, wenn Du Dich unsicher fühlst

Checkliste für Dein Kind im Umgang mit fremden Hunden

- Frage immer zuerst den Halter des fremden Hundes um Erlaubnis, bevor Du ihn streichelst.
- Streichle niemals einen fremden Hund, wenn kein Halter dabei ist (zum Beispiel, wenn ein Hund angeleint vor einem Geschäft wartet oder Dir im Park unangeleint entgegenläuft).
- Laufe an fremden Hunden niemals zu dicht vorbei, das könnte sie zum Verfolgen animieren.
- Laufe vor einem Hund, der auf Dich zugelaufen kommt, nicht weg. Bleibe stehen, hebe nicht die Hände, aber drehe Dich leicht von ihm weg.
- Betrete niemals ein Grundstück mit freilaufenden Hunden, ohne vorab den Halter um Erlaubnis zu fragen.
- Zanke niemals einen Hund hinter einem Zaun.
- Fixiere fremde Hunde nicht mit Blicken und umklammere sie nicht.
- Hocke Dich zur Begrüßung seitlich neben ihn und halte die Hand hin. Lasse den Hund den ersten Kontakt zu Dir von sich aus aufnehmen, dann kannst Du ihn streicheln.

- Kapitel 3 -

Der Familienalltag mit Deiner Französischen Bulldogge

Du weißt jetzt, inwieweit sich Deine Französische Bulldogge als Familienhund eignet und Du kennst auch die Kind-Hund-Beziehung in ihren unterschiedlichen Stadien und Variationen. Aus diesem Grund schauen wir uns in diesem Kapitel an, was für euren gemeinsamen Alltag wichtig sein wird. Hierzu zählt zunächst die Bedeutung der positiven Verstärkung – ein Thema, das mir persönlich sehr wichtig ist. Darauf aufbauend besprechen wir die wichtigsten Grundbefehle, die Dein Hund auf jeden Fall beherrschen sollte und gehen über in die Signale, die Dein Hund aussendet und was sie bedeuten. Anschließend erhältst Du von mir ein paar praktische Tipps für eure Alltagsgestaltung und wir gehen auf das Thema Angst vor Hunden ein. Doch jetzt starten wir erst einmal mit der positiven Verstärkung!

Die Bedeutung der positiver Verstärkung

Immer wieder werde ich mit der Frage konfrontiert, ob es effektiver ist, seinen Hund zu schimpfen oder zu loben. Bevor ich die Frage beantworte, schauen wir uns erst einmal an, was Loben und Schimpfen eigentlich bewirken sollen.

Beim Loben ist Dein Ziel, dass ein von Dir gewünschtes Verhalten öfters gezeigt wird. Beim Schimpfen hingegen geht es Dir um eine Abnahme von unerwünschtem Verhalten. Denke jetzt an Deinen Hund. Du hast Dich bewusst für eine Französische Bulldogge entschieden. Diese Rasse ist sehr selbstbewusst, hat ihren eigenen Kopf und die Selbstständigkeit ihrer arbeitseifrigen Vorfahren kommt immer wieder gerne zum Vorschein. Kannst Du Dir vorstellen, dass dieses eigenständige Wesen effektiv durch Schimpfen lernt?

Nein, natürlich nicht. Werden Hunde – und insbesondere Französische Bulldoggen – zu häufig oder heftig geschimpft, ziehen sie sich zurück. Sie brechen den Kontakt ab und bei häufiger Wiederholung kann es zu einem ernsthaften Verlust des Vertrauensverhältnisses zu Dir kommen. Du musst Dir bewusst sein, dass ein Hund nicht im Stande ist zu verstehen, warum er von Dir ausgeschimpft wird. Für Deinen Hund ist es nicht verständlich, warum er beispielsweise auf das Sofa, aber nicht auf das Kinderbett springen darf. Schimpfst Du ihn daraufhin aus, wird er nicht nur das Kinderbett mit etwas Negativem verbinden und anfangen, es zu meiden, sondern auch Dich. Geschieht dies öfters, verbindet Dein Hund langsam aber sicher mehr Negatives als Positives mit Dir und wird beginnen, Dich mehr und mehr zu meiden. Eine Mensch-Hund-Beziehung, die auf diese Weise geschädigt ist, kann nur durch langwieriges und konsequentes Training wieder aufgebaut werden.

Meiner Erfahrung nach ist Schimpfen daher nicht das adäquate Mittel, um einen Hund zu erziehen. Im Gegensatz dazu stellt das Loben – sprich die positive Verstärkung – für mich die effektivste Methode dar, um ein bestimmtes Verhalten zu verfestigen. In Fachkreisen wird hierbei zwischen der klassischen und der operanten Konditionierung unterschieden.

Die klassische Konditionierung liegt vor, wenn Deine Französische Bulldogge eine gleichbleibende Abfolge erkennt und daraufhin ein bestimmtes Verhalten zeigt. Das ist beispielsweise der Fall, wenn sie angelaufen kommt, sobald Du die Leine in die Hand nimmst oder die Wanderschuhe aus dem Schrank holst. Sie hat durch unzählige Wiederholungen gelernt, dass nach Deiner Handlungsabfolge etwas Positives (das Gassi gehen) für sie folgt.

Etwas anders sieht es bei der operanten Konditionierung aus. Diese wird auch häufig als Lernen am Erfolg bezeichnet. Sie basiert auf der Annahme, dass Deine Französische Bulldogge ein Verhalten, das sich für sie lohnt, lieber zeigen wird, als ein anderes. Erhält sie beispielsweise immer ein Leckerchen, wenn sie brav während des Essens auf ihrer Decke gewartet hat, wird sie immer seltener zu euch an den Tisch gelaufen kommen. Durch die operante Konditionierung wird für Deinen Hund ein bestimmtes Verhalten, das vorher bedeutungslos war, plötzlich sinnvoll, denn er erhält dafür jetzt eine Belohnung.

Aus diesem Grund baue ich alle Trainingseinheiten in diesem Buch auf der operanten Konditionierung auf. Deine Französische Bulldogge wird lernen, dass Verhaltensweisen, die von Dir gewünscht sind, auch für sie von Vorteil sind. Im Gegensatz dazu wird ein Verhalten, das Du nicht wünschst, einfach von Dir ignoriert und somit bedeutungslos.

Damit diese Methode auch erfolgreich ist, benötigst Du drei Dinge:

- ausreichend Geduld,
- perfektes Timing und
- genügend Wiederholungen.

Es mag so einfach klingen, aber gerade an dem ersten Punkt – der Geduld – scheitern die meisten Hundehalter sehr schnell – insbesondere, wenn sie wie Du nicht allein Leben, sondern auch noch Kinder im Spiel sind. Dir muss bewusst sein, dass Du bei allem, was Du tust, den längeren Atem haben musst. Wenn Du Deiner Französischen Bulldogge etwas Neues beibringen möchtest, kann das schon mal dauern. Oft sind Fortschritte und Erfolge auch nur in sehr kleinen Schritten zu erzielen. Außerdem wird es immer mal wieder Rückschritte geben, bei denen Dein Hund etwas Gelerntes plötzlich wieder vergessen zu haben scheint. All das musst Du geduldig aushalten, um Dein Trainingsziel zu erreichen. Das ist insbesondere dann wichtig, wenn es nicht nur um das Erlernen eines einfachen Tricks geht, sondern beispielsweise um das sichere Ablegen in schwierigen Situationen. Verliere nicht die Geduld und gebe Dich auch mit kleineren Schritten und Erfolgen zufrieden. Und akzeptiere, dass Rückschritte schon mal dazu gehören und werfe deshalb nicht gleich das Handtuch.

Neben der Geduld spielt das Timing eine wichtige Rolle. Viele Hundehalter scheitern daran, ihren Hunden rechtzeitig das Leckerchen zu geben. Denn das muss genau dann geschehen, wenn der Hund das erwünschte Verhalten zeigt – das heißt, sobald er beispielsweise durch den Reifen springt und nicht erst danach.[2]

---

[2] Solltest Du damit Probleme haben, empfehle ich Dir mein Buch „Französische Bulldogge Training" und das Kapitel über das Clicker-Training, denn dort erlernst

Und last but not least kommen wir zur ständigen Wiederholung. Wiederholung ist beim Training das A und O. Deine Französische Bulldogge muss jeden Befehl, den Du ihr beibringst, unzählige Male erfolgreich wiederholen, bis sie ihn verinnerlicht hat. Und selbst dann ist es wichtig, dass Du ihn weiter wiederholst, da sie ihn sonst wieder vergisst. Wenn Du einen bestimmten Trick beispielsweise ein oder sogar zwei Jahre gar nicht mehr mit ihr geübt hast, ist die Wahrscheinlichkeit sehr groß, dass sie Dich mit großen, fragenden Augen anschaut, wenn Du ihr nach so langer Zeit plötzlich wieder das Kommando dazu gibst.

Du eine effektive Methode, mit der Du dieses Problem aus der Welt schaffen kannst.

Die Signale Deiner Französischen Bulldogge

Die Mär, dass Hunde ohne Vorwarnung aggressives Verhalten zeigen, hält sich leider hartnäckig in den Köpfen so mancher Menschen. Tatsache ist jedoch, dass Hunde sehr wohl und meist auch sehr intensiv kommunizieren, bevor sie überhaupt erst aggressiv werden, ihre Kommunikation häufig aber nicht verstanden oder als solche erkannt wird.

Um sicherzustellen, dass Deine Französische Bulldogge von Dir und Deiner gesamten Familie richtig verstanden wird, habe ich diesem Thema ein extra Kapitel gewidmet. Denn das gegenseitige Verstehen wird das Fundament eures harmonischen Miteinanders bilden. Da Hunde im Gegensatz zu uns Menschen weniger über Sprachlaute kommunizieren, sondern viel mehr über ihre Körpersprache, rate ich Dir, Deinen Kindern schon in jungen Jahren beizubringen, die Körpersprache und Gesten eures Hundes zu lesen. Dadurch werden sie schon früh in der Lage sein, den Gefühlszustand des Hundes zu erkennen und entsprechend zu reagieren. Allein durch dieses Wissen können schon die meisten potentiell gefährlichen Situation im Anfangsstadium unterbunden werden.

Am besten schaffst Du dieses Verständnis, indem Du mit Deinem Kind gemeinsam eure Französische Bulldogge beobachtest. Lasse Dein Kind beschreiben, was es sieht.

Eventuell hilfst Du ihm am Anfang noch dabei, die Körperhaltung des Hundes zu deuten, indem ihr euch beispielsweise nur auf ein Körperteil (zum Beispiel die Ohren) konzentriert. Gerade bei diesen können auch schon kleine Kinder die unterschiedlichen Stellungen unterscheiden. So kann schon ein Kleinkind erkennen, ob der Hund die Ohren aufrichtet oder anlegt. Erläutere Deinem Kind daraufhin, was die verschiedenen Stellungen zu bedeuten haben und wie sich eure Französische Bulldogge genau dann fühlt. Ist sie entspannt, möchte sie spielen, hat sie vielleicht gerade Angst oder fühlt sie sich unwohl? All das sind Gefühle, die auch Kinder schon verstehen und einordnen können. Mache es am besten zur Routine, Dein Kind regelmäßig zu fragen, wie sich euer Hund gerade fühlt und animiere es dazu, dafür die Körpersprache zu analysieren. Lasse dir erzählen, was es sieht und frage es nach seinen Schlussfolgerungen.

Um euch den Prozess des Lernens zu erleichtern, findest Du nachfolgend die wichtigsten fünf Körperhaltungen eurer Französischen Bulldogge zusammengefasst in einer Tabelle. Diese fünf Typen sollte Dein Kind auf jeden Fall erkennen und Gefühlen zuordnen können. Bespreche mit ihm auch gerne die Piktogramme und vergleicht diese mit der Körperhaltung eures Französischen Bulldogge.

Die Körperhaltung Deiner Französischen Bulldogge	
Entspannte Körperhaltung  	Diese Körperhaltung nimmt euer Hund ein, wenn er entspannt ist und es ihm rundum gut geht. Besondere Merkmale sind: **Körper:** Ist gerade **Kopf:** Ist leicht angehoben (im Liegen auch gerne abgelegt) **Augen:** Sind nicht fokussiert **Ohren:** Sind nur leicht aufgerichtet **Nase:** Ist glatt **Maul:** Ist häufig leicht geöffnet, eventuell hängt auch die Zunge raus **Rute:** Hängt entspannt runter
Aufmerksame Körperhaltung	Diese Körperhaltung nimmt euer Hund ein, wenn er etwas gehört oder gesehen hat, das ihn interessiert.

	Besondere Merkmale sind: **Körper:** Ist leicht nach vorne geneigt **Kopf:** Ist angehoben **Augen:** Sind fokussiert auf das, was sein Interesse geweckt hat **Ohren:** Sind aufmerksam nach vorne gerichtet **Nase:** Ist glatt **Maul:** Meist geschlossen, Zunge ist nicht zu sehen **Rute:** Steht waagerecht vom Körper ab, wird eventuell leicht hin und her bewegt
Spielbereite Körperhaltung 	Diese Körperhaltung nimmt euer Hund ein, wenn er Dich oder einen anderen Hund zum Spielen auffordern möchte Besondere Merkmale sind: **Körper:** Vorderkörper ist abgesenkt **Beine:** Sind auf vorne auf den Boden abgelegt

	Kopf: Ist mit dem Vorderkörper abgesenkt **Augen:** Zeigen in Richtung des Spielpartners und -zeugs **Ohren:** Sind in Richtung des Spielpartners oder -zeugs aufgestellt **Nase:** Ist je nach Energielevel glatt oder auch gekräuselt **Maul:** Ist je nach Energielevel leicht bis weit geöffnet, die Zähne sind gut sichtbar **Rute:** Ist steil aufgerichtet und schwingt kräftig hin und her
Unterwerfende/ Beschwichtende Körperhaltung 	Diese Körperhaltung nimmt euer Hund ein, wenn er sich ängstigt, beruhigend auf sein Gegenüber einwirken möchte oder sich unterwirft. <u>Besondere Merkmale sind:</u> **Körper:** Ist verkleinert, Vorderkörper ist leicht abgesenkt, der

 	Rücken ist rund (bei starker Unterwerfung legt sich der Hund auf den Rücken) **Beine:** Vorder- und Hinterbeine sind leicht bis stark eingeknickt **Kopf:** Ist mit dem Vorderkörper abgesenkt **Augen:** Vermeiden direkten Blickkontakt **Ohren:** Sind leicht bis stark angelegt **Nase:** Ist glatt **Maul:** Ist leicht geöffnet (manchmal versucht der Hund auch, an den Maulwinkeln des anderen Hundes zu lecken) **Rute:** Ist leicht bis stark zwischen den Hinterbeinen eingeklemmt
Drohende Körperhaltung	Diese Körperhaltung nimmt euer Hund ein, wenn er das Gefühl hat, sich oder sein Rudel verteidigen zu müssen <u>Besondere Merkmale sind:</u>

	**Körper:** Er steht steif auf allen Vieren, eventuell ist das Gewicht leicht nach vorne verlagert **Kopf:** Ist gerade aufgerichtet und nach vorne gestreckt **Augen:** Sind starr auf den Gegner gerichtet **Ohren:** Sind in Richtung des Gegners aufgerichtet **Nase:** Ist leicht bis stark gekräuselt, der Nasenrücken ist leicht nach unten gehalten **Maul:** Ist leicht geöffnet, die Reißzähne sind sichtbar, der Mundwinkel ist stark gerundet **Rute:** Ist stark aufgerichtet

Zusätzlich zu diesen 5 Körperhaltungen ist es überaus hilfreich, wenn Du (oder vielleicht sogar schon ältere Kinder) lernen, auf die Signale zu achten, die eure Französische Bulldogge aussendet, wenn sie mit einer Situation überfordert ist oder sich bedrängt und bedroht fühlt. Denn in den seltensten Fällen reagiert sie einfach aus dem Nichts heraus aggressiv. Stattdessen wird sie in Hundesignalen probieren, die Situation zu beschwichtigen. Und genau auf diese Signale musst Du als Elternteil genau achten. Neben der bereits vorhin beschriebenen beschwichtigenden Körperhaltung gibt es noch ein paar weitere Signale, mit denen Dein Hund zeigt, dass er genug vom Schmusen, Training oder Herumtoben hat. Leider ähneln diese Signale auch der menschlichen Körpersprache, haben aber teilweise komplett unterschiedliche Aussagen und werden daher missverstanden oder ignoriert.

Dazu gehöret:

- **Wegschauen:** Wenn Dein Hund bewusst den Blickkontakt mit Dir oder Deinem Kind meidet, ist das eine beschwichtigende Geste. Er fühlt sich in der aktuellen Situation unwohl und möchte sie am liebsten beenden. Häufig wird hierbei auch der Kopf im Ganzen weggedreht. Diese Körpersprache hat nichts mit Desinteresse zu tun, der Hund sollte auf keinen Fall zu Blickkontakt gezwungen werden.

- **Gähnen:** Wird dem Hund alles zu viel und ist er gestresst oder überfordert, fängt er an zu gähnen. Das hat nichts mit Müdigkeit zu tun (wie bei uns Menschen), sondern ist insbesondere in Kombination mit Wegschauen ein klares Signal dafür, dass er erst einmal genug hat und in Ruhe gelassen werden möchte.
- **Blinzeln:** Das Blinzeln ist ebenso wie Gähnen ein Signal dafür, dass der Hund die aktuelle Aktivität gerne beenden möchte und tritt ebenfalls häufig mit Wegschauen auf. Mit trockenen Augen hat es in diesem Zusammenhang wenig zu tun. Sobald sich der Hund wieder wohlfühlt, hört das Blinzeln unvermittelt auf.
- **Über die Schnauze lecken:** Im Gegensatz zum hungrigen über die Schnauze lecken, signalisiert Deine Französische Bulldogge, dass sie unter Stress steht und eine Pause benötigt. Hierbei vermeidet sie meist ebenfalls den direkten Blickkontakt mit Dir und dreht sich weg. Der Unterschied ist mit etwas Übung gut zu erkennen.
- **Kratzen:** Unvermitteltes Kratzen (häufig mit der Hinterpfote am Kopf oder der Seite) ist ebenfalls ein Anzeichen für Stress bei Hunden. Beende die aktuelle Situation, gönne ihm eine Pause und dann hört auch das Kratzen auf.

Wenn Du eines oder mehrere dieser Signale an Deiner Französischen Bulldogge wahrnimmst, solltest Du als Elternteil immer eingreifen. Dein Hund fühlt sich in diesem Moment unwohl, ist gestresst und vielleicht sogar ängstlich. Er versucht, Dein Kind durch die Signale auf seine Gemütslage aufmerksam zu machen. Ignoriert das Kind die Signale und läuft Deiner Französischen Bulldogge vielleicht noch hinterher, wenn sie in letzter Instanz von sich aus das Weite sucht, kann die Situation eskalieren. Deine Französische Bulldogge kann dann zu dem (aus ihrer Sicht logischen) Schluss kommen, dass sie ihre Signale verstärken muss und zum Knurren oder sogar Schnappen übergehen. Trenne stattdessen umgehend Dein Kind von dem Hund und beschäftige es anderweitig. Erlaube Deinem Hund gleichzeitig, sich zurückzuziehen und auszuruhen.

Kleinkinder werden wahrscheinlich noch nicht in der Lage sein, diese subtilen Körpersignale richtig zu deuten, aber ältere Kinder kannst Du ruhig auf die Signale aufmerksam machen und ihnen damit ein noch besseres Gespür für die Gefühlslage eures Hundes vermitteln. Denke aber immer daran, dass selbst wenn Kinder die Signale kennen, das nicht heißt, dass sie sie auch beachten, wenn ihnen etwas anderes gerade wichtiger ist. Schlussendlich liegt es daher immer an Dir, eure Französische Bulldogge im Blick zu behalten, wenn sie und Dein Kind zusammen spielen. Besonders häufig nehme ich diese Signale wahr, wenn Kinder mit ihren Hunden schmusen. Die Hunde legen die

Ohren an und lecken sich häufig mit der Zunge über die Schnauze. Für viele unwissende Hundehalter sieht die Situation dadurch sogar noch süßer aus. Dieser falsche Eindruck verstärkt sich zusätzlich, wenn der Hund probiert, dem Kind im Gesicht zu lecken. Doch tatsächlich ist dies keine Liebesbekundung, sondern eine starke Beschwichtigungsgeste mit dem Dein Hund probiert, Dir und Deinem Kind zu sagen, dass er sich in der aktuellen Situation hochgradig unwohl fühlt. Gewöhne Dir daher bitte an, nicht nur Dein Kind genau zu beobachten, sondern auch auf die Signale Deines Hundes zu achten. Sie sagen meistens mehr, als viele meinen.

Was Du bei Deiner Französischen Bulldogge besonders beachten musst

Mit Deiner Französische Bulldogge hast Du das Glück, dass sich die Körperhaltung und die Körpersignale trotz der intensiven Züchtung in den meisten Fällen noch gut erkennen lassen. Die Ohren stehen beispielsweise schön aufrecht. Schwierig wird es im Gegensatz dazu, die Rutenstellung richtig zu interpretieren, doch mit etwas Übung ist auch das möglich.

Da viele glauben, eine kleine süße Französische Bulldogge mehr provozieren zu können, als sie es sich bei einem Dobermann trauen würden, kann ich nur betonen, wie wichtig es auch bei dieser Rasse ist, die Beschwichtigungsversuche als solche zu erkennen, damit es gar nicht erst zu einer Eskalation der Lage kommt, wenn sich euer Hund bedrängt, unsicher oder ängstlich fühlt.

Tipps zum Zusammenleben von Familie und Hund

Der Familienalltag an sich ist in den meisten Familien selten langweilig und immer ist etwas los. Meistens herrscht ein gewisses Grundchaos vor und Pläne sind durch Unvorhergesehenes nicht immer eins zu eins so einzuhalten, wie es die Eltern ursprünglich einmal geplant hatten. Indem jetzt auch noch ein Hund zu dieser Familie stößt, wird der Alltag mitnichten einfacher oder weniger chaotisch. Ganz im Gegenteil bringt ein Hund ein neues Kaliber an Chaos und Unvorhergesehenem in den eh schon kunterbunten Alltag ein.

Um das Zusammenleben sowohl für Dich (wie auch den Rest Deiner Familie) als auch für Deine Französische Bulldogge einfacher zu gestalten, habe ich ein paar Tipps für Dich. Grundsätzlich funktioniert ein Familienleben reibungsloser, wenn es ein paar Regeln gibt, an die sich alle halten. Dasselbe gilt auch im Umgang mit eurem Hund. Wenn ihr euch alle (!!) an die nachfolgenden Tipps haltet, wird euer Leben zusammen mit eurem Hund spürbar einfacher. Nicht direkt – denn erst einmal müsst ihr die Regeln und ihre konsequente Einhaltung erlernen – aber sobald sie sitzen, wirst Du spüren, was es ausmacht.

Nachfolgend besprechen wir daher folgende fünf Tipps:

- Tipp 1: Lasse Anspringen von Anfang an nicht zu!
- Tipp 2: Unterbinde das Jagen von Kindern durch Deinen Hund
- Tipp 3: Dein Hund darf Dein Kind nicht korrigieren
- Tipp 4: Lasse Deinen Hund kein Essen von Deinem Kind stehlen
- Tipp 5: Sei ein Vorbild für Dein Kind

Jeder Tipp kann selbstverständlich für sich allein genommen umgesetzt werden, meine klare Empfehlung ist jedoch, dass Du alle Tipps gleichermaßen angehst. Das Leben Deiner Französischen Bulldogge wird dadurch nicht begrenzt, sondern ganz im Gegenteil wird es für sie und auch Deine Familie deutlich entspannter im Alltag. Doch schauen wir uns die Tipps jetzt im Einzelnen an:

Tipp 1: Lasse Anspringen von Anfang an nicht zu!

Wer kennt ihn nicht, den übermütigen Hund, der freudig auf einen zugelaufen kommt und Dich mit voller Kraft zur Begrüßung anspringt. Dass dieses Ritual nicht nur nervig, sondern in Bezug auf Kinder auch sehr gefährlich sein kann, muss an dieser Stelle hoffentlich nicht gesondert erwähnt werden. Dich mag es vielleicht nicht allzu sehr stören, wenn Deine kleine Französische Bulldogge an Dir hochspringt, bei einem dreijährigen Kind sieht das jedoch unter Umständen anders aus. Hier spielt selbst ein kleiner Hund wie die Französische Bulldogge in einer anderen Liga. Auch wenn sie Dein Kind beim Anspringen nicht umschubst, kann allein das Pfoten auf die Brust stellen für ein Kleinkind schon angsteinflößend sein. Um sicherzustellen, dass Dein Kind durch das Anspringen nicht gefährdet oder verängstigt wird, solltest Du Deinem Hund beibringen, dass Menschen generell nicht angesprungen werden. Die beste und effektivste Methode, dieses Ziel zu erreichen ist, den Hund komplett zu ignorieren. Schaue ihn nicht an, spreche nicht mit ihm und fasse ihn nicht an. Ein korrigierendes „Nein" oder ein Wegdrücken kann genau den gegenteiligen Effekt haben. Denn was will Dein Hund durch das Anspringen erreichen? Er möchte von Dir beachtet werden. Und so seltsam es auch klingt, eine korrigierende Aktion deinerseits kann sein Verhalten verstärken, da sich sein Ziel erfüllt. Ignoriere ihn daher vollkommen – auch wenn es Dir schwerfällt! Ziehe, wenn Du gerade nach Hause gekommen bist, in Ruhe Deine Jacke und Schuhe aus und räume die Einkäufe weg. Deine Französische Bulldogge wird erst dann von Dir beachtet, wenn sie sich spürbar beruhigt hat und nicht mehr an Dir hochspringt. Am besten rufst Du sie dann und kniest Dich für die Begrüßung auf den Boden, damit sie nicht erneut in Versuchung gerät, an Dir hochzuspringen. Sollte sie es dennoch auch im Knien versuchen, kannst Du Deinen Hund mit einem Alternativverhalten ablenken. Gebe ihm dafür genau in dem Moment, in dem Du merkst, dass er zum Sprung ansetzt, das Sitz-Kommando.[3] Ein Hund, der sitzt, kann nämlich nicht gleichzeitig an Dir hochspringen. Das funktioniert jedoch nur, wenn Dein Hund das Kommando bereits vollkommen verinnerlicht hat und es auch erfolgreich in Stress-Situation abrufbar ist. Sitzt Dein Hund, kannst Du ihn gerne belohnen. Wenn das Energielevel bei ihm in diesem Moment noch hoch ist, werfe ihm am besten ein Leckerchen und lasse es ihn suchen. So kann er sich spielerisch abreagieren. Du wirst merken, dass er anschließend keine große Motivation mehr haben wird, Dich überschwänglich mit Anspringen zu begrüßen.

Springt Deine Französische Bulldogge Dein Kind an, gelten dieselben Regeln wie auch bei Erwachsenen. Erkläre Deinem Kind, dass es euren Hund in dieser Situation ignorieren muss. Es soll einfach in seiner Position verharren und warten, dass der Hund von allein aufhört. Tut er das nicht, soll es auf keinen Fall weglaufen oder den Hund korrigieren. Stattdessen ist es in diesem Fall an Dir, einzugreifen. Schicke Deine Französische Bulldogge ruhig auf ihren Liegeplatz und lege sie ab (im Zweifel muss sie mit der Leine befestigt werden, bis sie sich beruhigt hat). Schimpfen solltest Du auf jeden Fall unterlassen. Dein Hund wird dieses nämlich nicht auf das Anspringen, sondern auf

---

[3] Die Anleitung zu diesem Kommando findest Du im ersten Teil dieser Reihe

die Begrüßung Deines Kindes beziehen. Bleibe daher ruhig, aber bestimmt. Grobes oder auch wütendes Verhalten von Deiner Seite aus wird die Situation eher verschlimmern als verbessern. Hilfreich ist es übrigens auch, wenn Kinder (aber auch Erwachsene) nicht die Hände hochheben, wenn sie von Hunden angesprungen werden. Zwar ist dies ein ganz natürlicher Impuls, doch das Hochheben der Hände ist für jeden Hund ein starker Impulsverstärker, jetzt erst recht hochzuspringen. Widersteht daher dem Drang und lasst eure Arme unten. Legt sie stattdessen eng an den Körper an, damit schützt ihr sie viel besser vor potentiellen Bisswunden, wie wenn ihr sie hochhebt.

Wichtig beim Thema Anspringen ist wie immer, dass sich nicht nur Du, sondern alle Familienmitglieder und auch alle Besucher daran halten. Wann immer jemand zu euch in die Wohnung kommt, muss er vorab von Dir informiert werden, dass er Deinen Hund unbedingt zu ignorieren hat, falls dieser an ihm hochspringen sollte. Ein kurzer, unbewusster Streichler zwischendurch kann euer Training um Welten zurückwerfen. Das Thema Anspringen ist zusätzlich von größter Bedeutung, wenn ein Baby Einzug in eure Familie erhält. Aber das haben wir ja bereits besprochen.

Tipp 2: Unterbinde das Jagen von Kindern durch Deinen Hund

So gerne, wie Kinder auch mit Hunden fangen spielen, solltest Du das aktive Hinterherjagen Deines Hundes so früh es geht unterbinden. Denn Deine Französische Bulldogge wird Deinem Kind immer dann hinterherjagen wollen, wenn es sich besonders dynamisch bewegt. Ist das Jagen vom Kind gewollt, kann daraus ein spaßiges Spiel werden. Läuft das Kind jedoch an eurer Französische Bulldogge vorbei, ohne dass es will, dass sie ihm folgt (oder vielleicht auch ohne den Hund zu bemerken) kann das plötzliche Jagen eine unschöne Situation heraufbeschwören. Besonders prekär können diese Situationen werden, wenn Freunde zum Spielen da sind.

Aus diesem Grund sollte das Jagen von Anfang an von Dir unterbunden werden. Damit das funktioniert, ist ein sogenanntes Impuls-Kontrolltraining vonnöten. Dein Hund lernt dabei, bestimmten Reizen zu widerstehen und eine bereits begonnene Jagd auch wieder abzubrechen, wenn Du den Befehl dazu gibst. Das Training wird dabei in mehrere kleine Schritte unterteilt. Zuerst einmal bringst Du Deinem Hund bei, einem beliebigen Gegenstand, den er sehr gerne mag, nicht hinterher zu jagen, wenn Du ihn wirfst. Hierfür muss das Nein-Kommando[4] bereits etabliert

[4] Die Anleitung zu diesem Kommando findest Du ebenfalls im ersten Teil dieser Reihe

sein. Klappt das, übernimmt jetzt auch Dein Kind einen wichtigen Part im Training. Lege dafür Deine Französische Bulldogge auf ihrem Liegeplatz ab und bitte Dein Kind, sich langsam von einer Ecke des Raumes in die andere zu bewegen. Bleibt sie ruhig liegen, wird sie belohnt. Steht sie auf, verharrt Dein Kind sofort bewegungslos und Du schickst sie zurück auf ihren Liegeplatz. Reduziert daraufhin die Geschwindigkeit oder auch den Abstand zum Hund für die nächsten Versuche. Klappt es dann, könnt ihr die Bewegungen immer dynamischer machen und am Ende gerne auch ein Spielzeug wie einen Ball dazu nehmen, den ihr hin und her werft. Euer Hund sollte in der Lage sein, diesen Reizen zu widerstehen, solange er von euch nicht aktiv zum Mitmachen aufgefordert wird. Klappt diese Übung zuverlässig, gehen wir erneut einen Schritt weiter. Du spielst zusammen mit Deinem Hund beispielsweise ein Apportierspiel[5] im Garten. Dein Kind befindet sich ebenfalls dort. In dem Moment, in dem Deine Französische Bulldogge den Ball aufhebt, läuft Dein Kind dynamisch kreuz und quer durch den Garten. Kommt Dein Hund dennoch brav zu Dir, wird er dafür ausgiebig belohnt. Nimmt er jedoch die Verfolgung auf, erstarrt Dein Kind erneut. Jetzt musst Du im Training nochmal ein paar Schritte zurück gehen, Deinen Hund ablegen und Dein Kind vorbeilaufen lassen, ohne dass er hinterher hechtet. Festige zusätzlich vielleicht auch

---

[5] Die Anleitung zum Apportieren findest Du im zweiten Teil dieser Reihe

nochmal das Apportiertraining unter verschiedenen Ablenkungen. Wenn beides gut funktioniert, startet ihr einen neuen Versuch. Klappt auch das, können wir erneut einen Schritt weiter gehen. Jetzt läuft Dein Kind auf Dein Kommando am Hund vorbei, wenn er sich im normalen Freilauf im Garten befindet, ohne ein direktes Kommando von Dir zu befolgen. Achte am Anfang darauf, dass sich Dein Kind zwar in der Nähe, aber nicht direkt neben Deinem Hund befindet, wenn es losläuft. Die Distanz wie auch die Dynamik könnt ihr beliebig variieren. Wenn alles gut geht, sollte Dein Hund Dich jetzt fragend anschauen. Signalisiere ihm mit einem ruhigen Lob, dass alles in Ordnung ist. Wenn Du Dein Kind mit denselben Signalen wie Deinen Hund zum Loslaufen und Stoppen animierst, lernt Dein Hund zusätzlich noch, dass Du als Elternteil alles unter Kontrolle hast, denn offensichtlich gehorcht Dir auch Dein Kind aufs Wort und sein Eingreifen ist nicht notwendig.

Tipp 3: Dein Hund darf Dein Kind nicht korrigieren

Ich habe bereits mehrfach erwähnt, dass Dein Hund von Anfang an verinnerlichen soll, dass er nicht für die Korrektur Deines Kindes verantwortlich ist. Doch wie reagierst Du, wenn es doch einmal dazu kommt und Deine Französische Bulldogge Dein Kind korrigierend anspringt oder sogar nach im schnappt?

Als erstes ist es wichtig, dass Dein Kind weiß, dass es den Hund auf keinen Fall für dieses Verhalten bestrafen darf. Stattdessen soll es sofort nach den Eltern rufen und in seiner aktuellen Position verharren. Für Dich gilt es dann, die Ruhe zu bewahren und nicht böse oder laut zu werden. Schicke eure Französische Bulldogge ruhig auf ihren Platz. Sollte sie dort noch nicht von allein bleiben, empfehle ich Dir, sie anzuleinen. Erst wenn sich alles (inklusives Deines Hundes und Kindes) wieder beruhigt hat, darf Dein Hund auch wieder frei im Haus laufen. Nutze die Zeit, um Dir von Deinem Kind erklären zu lassen, was passiert ist. Lag der Auslöser für das korrigierende Verhalten Deines Hundes vielleicht auch in einem Fehlverhalten Deines Kindes? Wenn ja, ist es wichtig, dass Du ihm erklärst, was es falsch gemacht hat und wie es mit einer ähnlichen Situation zukünftig umgehen soll. Dabei kann es auch hilfreich sein, wenn Du Dein Kind (ebenso wie den Hund) auf seinen Platz bzw. sein Zimmer schickst. Für Deinen Hund signalisierst Du damit, dass Du alles vollkommen unter Kontrolle hast. Er merkt, dass er nicht eingreifen muss, dass Du die Situation überblickst und dass Dein Kind offensichtlich auch auf Deine Anordnungen reagiert.

Tipp 4: Lasse Deinen Hund kein Essen von Deinem Kind stehlen

Es mag so selbstverständlich klingen, doch ich bin immer wieder überrascht, wie oft es Hunden gestattet (oder zumindest nicht erfolgreich untersagt wird), Essen aus der Hand des Kindes zu stehlen. Bevor Dein Hund dazu jedoch in der Lage ist, muss er verinnerlicht haben, dass er auch Dir kein Essen und auch keinen Gegenstand aus der Hand stibitzen darf. Hierfür empfehle ich die Einführung eines gesonderten Signals zum bereits bekannten „Nein"-Kommando. Ich verwende hierfür stets den Begriff „Tabu", aber natürlich kannst Du auch ein anderes Wort wählen. Wenn Du dieses Kommando trainierst, ist es am besten, wenn Dein Kind nicht anwesend ist, da es sein kann, dass Du Deine Französische Bulldogge korrigieren musst.

So trainierst Du das „Tabu"-Kommando richtig:

Beginne das Training, indem Du Dich auf den Boden setzt und dabei etwas Leckeres zu Essen (wie zum Beispiel eine Wurst) vor Dir auf den Boden legst. Deine Französische Bulldogge sollte in Deiner Nähe sein und mitbekommen, dass die Wurst jetzt auf dem Boden liegt. Sollte Dein Hund nicht gerade komplett satt sein, wird er sich die Wurst genauer anschauen wollen und hingehen. Reagiert Dein Hund nicht, solltest Du die Übung wiederholen, wenn er wirklich hungrig ist. Beobachte Deinen Hund jetzt ganz genau. Wenn er sich die Wurst schnappen will, korrigierst Du ihn mit dem

Kommando „Tabu“ und setzt zeitgleich den Schnauzgriff ein. Hierbei greifst Du mit Deiner Hand einmal fest über den Fang Deines Hundes und verharrst so für ein paar Sekunden. Dieser Griff simuliert den Schnauzgriff, den eine Hundemutter verwendet, um Welpen zu zeigen, dass sie etwas unterlassen sollen. Achte bei dem Kommando darauf, dass Du es nicht brüllst, sondern in einem normalen Tonfall aussprichst. Die meisten Hunde verstehen das Kommando in Kombination mit dem Schnauzgriff recht schnell. Wiederhole es aber so lange und vor allem zu Beginn sehr regelmäßig, bis Du Dir wirklich sicher bist. Ziel ist es, dass er versteht, dass beispielsweise Essen auf dem Boden für ihn grundlegend „tabu“ ist, und zwar, ohne dass Du ihn daran stets durch das Kommando erinnern musst. Wenn er das verinnerlicht hat, kannst Du „Tabu“ auch auf das Kinderspielzeug erweitern. Gehe dabei ebenso vor, wie mit der Wurst. So lernt Dein Hund, dass er auch dieses nicht einfach aufnehmen darf, wenn es auf dem Boden herumliegt.

Abschließend möchte ich Dir noch empfehlen, darauf zu achten, dass Du das Wortkommando „Tabu“ nicht in Gegenwart Deines Kindes verwendest. Denn Dein Kind wird es unweigerlich nachahmen, was zur Folge haben wird, dass Dein Hund es immer wieder hören wird und das ohne einen sinnvollen Zusammenhang.

Das wird mit der Zeit zu einer Abschwächung des Wortes führen und Du startest von Neuem.

Hat Deine Französische Bulldogge das „Tabu"-Kommando verinnerlicht, können wir sie mit einem verführerisch duftenden Fleischkäse-Brötchen (oder etwas Ähnlichem) aus der Reserve locken, bevor wir das Training mit Kind starten. Setze Dich dafür entspannt auf einen Stuhl und lasse Deinen Arm mit dem Brötchen verführerisch tief hängen. Dein Hund sollte sich in Sichtnähe auf seinem Liegeplatz befinden. Lässt ihn das Brötchen kalt, kannst Du beginnen, Dich durch den Raum zu bewegen und das Brötchen dabei sachte hin und her bewegen. Bleibt Dein Hund entspannt, hat er die Prüfung bestanden und Du kannst ihn ausgiebig loben. Reagiert er jedoch, musst Du erneut das „Tabu"-Training aufnehmen.

Nur wenn Dein Hund bei einem Brötchen in Deiner Hand wirklich entspannt und ruhig bleibt, solltest Du mit Kind und Essen trainieren. Gebe dafür diesmal Deinem Kind das Brötchen in die Hand. Bleibt Deine Französische Bulldogge auch hierbei entspannt und ignoriert das Essen, kannst Du sie erneut loben. Versucht sie jedoch, an dem Brötchen zu schnüffeln oder gar danach zu schnappen, nimmst Du sie sofort kommentarlos zur Seite und legst sie für eine gewisse Zeit auf ihrem Platz ab. Ist das Kind noch im Baby- oder

Kleinkindalter, kannst Du sie zusätzlich mit „Tabu" korrigieren. Bei größeren Kindern, die schon ein Verständnis für Wörter aufgebaut haben, solltest Du es jedoch unterlassen, um ein späteres Nachahmen, wenn Du nicht dabei bist, von Beginn an zu unterbinden. Bei dem nächsten Anlauf nimmst zunächst wieder Du das Brötchen und lobst sie ausgiebig, wenn sie es ignoriert. Erst dann übergibst Du das Brötchen wieder an Dein Kind. Wiederhole diese Übung so lange in kleinen feinen Schritten, bis es für Deine Französische Bulldogge vollkommen uninteressant geworden ist, wenn Dein Kind Essen in der Hand hält, da sie weiß, dass sie davon sowieso nichts abbekommt.

Im Zusammenspiel mit diesem Training ist es überaus wichtig, dass Dein Kind von Anfang an lernt, dass es euren Hund nur füttern darf, wenn Du ihm das Okay dafür gibst. Steckt Dein Kind eurer Französischen Bulldogge immer heimlich Essen zu, wirst Du Dir noch so viel Mühe im Training geben können und es wird nicht funktionieren. Sorge deshalb auch dafür, dass Deine Französische Bulldogge niemals beim gemeinsamen Essen auf herunterfallende Speisen lauert und sie Dein Kind somit nicht von Beginn an als Futterlieferant ansieht. Gerade bei Kleinkindern ist es wichtig, dass der Hund von Beginn an lernt, dass er während der Mahlzeiten auf seinem Liegeplatz bleiben muss. Binde ihn zur Not mit der Leine fest oder sei jedes Mal so konsequent, dass Du kommentarlos aufstehst und ihn wieder zurückbringst.

Tipp 5: Sei ein Vorbild für Dein Kind

Die Haltung eines Hundes bietet für Dein Kind jede Menge Vorteile, kann aber auch ein paar Gefahren beinhalten. Durch diesen Ratgeber versuche ich, Dich bestmöglich auf das gemeinsame Familienleben vorzubereiten. Doch ich weiß selbst, dass im stressigen Alltag gerne mal ein paar Regeln vergessen werden oder die Konsequenz auch mal leidet. Natürlich habe ich volles Verständnis dafür und weiß, dass Du auch nur ein Mensch bist. Wichtig ist mir bei eurem Zusammenleben daher vor allen Dingen eines: Sei Dir bewusst, dass Du für Dein Kind ein Vorbild darstellst. So wie Du mit eurer Französischen Bulldogge umgehst, wird es Dir Dein Kind nachmachen. Achte daher immer auf einen positiven Umgang.

Bringe Deinem Kind schon im jungen Alter bei, wie es auf die Bedürfnisse anderer Lebewesen eingehen kann. Zeige ihm, dass ein respektvoller Umgang miteinander wichtig ist. Schreie Deinen Hund nicht an und korrigiere ihn niemals gewaltsam. Orientiere Dich stattdessen an der positiven Verstärkung und lehre Dein Kind, die Körpersprache des Hundes zu verstehen. Bringe ihm spielerisch bei, verantwortungsvolle Aufgaben zu übernehmen und weise es auch darauf hin, wenn es den Hund provoziert oder ihm vielleicht sogar weh tut. Durch Deine Vorbildfunktion kannst Du nicht nur den Umgang mit eurem aktuellen Familienhund positiv beeinflussen, sondern auch die allgemeine Einstellung

Deines Kindes für Tiere im Allgemeinen und spätere eigene Hunde im Speziellen. Nutze diese wunderbare Chance.

Was Du bei Deiner Französischen Bulldogge besonders beachten musst

Aufgrund ihrer Herkunft als Gesellschaftshund wurde bei der Züchtung Deiner Französischen Bulldogge seit jeher großer Wert auf ihren fröhlichen und wenig aggressiven Charakter gelegt. Die größte Gefahr besteht für mich daher darin, dass falsches Verhalten Deines Hundes (wie zum Beispiel das Anspringen oder Jagen von Kindern) als süß empfunden wird und nicht rechtzeitig etwas dagegen unternommen wird. Deine Französische Bulldogge kann dadurch den Eindruck erlangen, dass sie die aus ihren Augen vakante Führungsposition im Rudel einnehmen muss und dadurch auch irgendwann Maßregelungen an Deinen Kindern vornehmen. Lasse Dich daher von ihrem süßen Äußeren und fröhlichen Wesen nicht vollkommen vereinnahmen und sorge dafür, dass sie bestimmte Regeln einhalten muss.

Wichtig ist auch, dass Du bei allen Tipps im Hinterkopf behältst, dass Deine Französische Bulldogge kein böswilliges Verhalten an den Tag legt, sondern aus ihrer Sicht immer logisch und (für uns zum Glück) berechenbar reagiert. Wenn Du und Dein Kind daher über ihre Veranlagungen und die potentiellen Gefahren Bescheid wisst und ihr dementsprechend handelt, droht euch kaum noch Gefahr.

Ratschläge für den Familienalltag mit Hund

Bis hierhin hast Du schon einiges über das Zusammenleben von Familien und Hunden gelernt. Um Dein Wissen nochmal zu festigen, erhältst Du in diesem Kapitel von mir die 6 Ratschläge, die ich im Familienalltag am nützlichsten finde, an die Hand.

Diese sechs Ratschläge lauten wie folgt:

1. Lege einige ausgewählte Liegeplätze für Deine Französische Bulldogge fest.
2. Schaffe Ruhezonen, an die sich alle Beteiligten halten.
3. Sei in der Lage, Deine Französische Bulldogge jederzeit auf ihre Decke zu schicken.
4. Bestimme selbst, ob und wann Deine Französische Bulldogge auf die Couch darf.
5. Baue ein Impuls-Kontroll-Training auf.
6. Trainiere Tischmanieren mit allen Beteiligten.

Es mag so einfach klingen, aber tatsächlich legst Du mit der **Auswahl der richtigen Liegeplätze** für Deine Französische Bulldogge schon die Grundlage für euer zukünftiges harmonisches Zusammenleben als Familie. Hunde an sich sind Rudeltiere – das liegt in ihren Genen. Daher verbringen sie den Tag am liebsten in der direkten Nähe ihres Rudels, welches in eurem Fall aus Dir und Deiner Familie besteht – und Französische Bulldoggen bilden hierbei keine Ausnahme. Überlege daher, in welchen Räumen ihr grundsätzlich die meiste Zeit verbringt und wo es folglich Sinn macht, einen Liegeplatz einzurichten. In den meisten Fällen gehören hierzu zum Beispiel das Wohnzimmer, das Esszimmer und das Elternschlafzimmer (bei älteren Kindern eventuell auch eines der Jugendschlafzimmer). In jedem dieser Zimmer solltest Du für Deinen Hund einen eigenen Liegeplatz vorsehen. Solltest Du regelmäßig aus dem Homeoffice arbeiten, könnte sich auch dort ein zusätzlicher Liegeplatz anbieten. Die Anforderungen Deines Hundes an den Liegeplatz an sich sind recht gering. Meist reicht schon eine einfache Decke, die ihm anzeigt, wo er sich hinlegen soll. Natürlich kannst Du dem Liegeplatz mit Kissen oder Körbchen noch zusätzliche Gemütlichkeit verleihen, dem Hund ist es aber meist nicht wichtig, wie gemütlich der Platz eingerichtet ist – auch wenn Dir der Tierfachhandel mit unzähligen unnötigen Angeboten einen anderen Eindruck vermitteln möchte. Bei der Standortwahl empfehlen sich Stellen, an denen Dein Hund zwar mitbekommt, was geschieht, die aber dennoch im ruhigeren Bereich liegen. Eine Ecke neben dem Sofa oder neben dem Bett sind meist ideale Standorte. Vom Esstisch sollte der Liegeplatz insoweit entfernt sein, dass Dein Hund nicht direkt an heruntergefallenes Essen gelangt. Türen und Durchgänge sollten sich im Optimalfall nicht direkt neben den Liegeplätzen befinden, da sie meist für Unruhe und Bewegung stehen und ein Entspannen des Hundes verhindern können.

Wenn ein Kleinkind oder Baby Teil Deiner Familie ist, könnte es Sinn machen, neben dem normalen Liegeplatz auch eine Hundebox zu etablieren. Diese Box hat rein gar nichts mit Zwingerhaltung gemein, sondern soll ganz im Gegenteil sicherstellen, dass Deine Französische Bulldogge zu jeder Zeit Teil des Familienlebens ist. Durch die Box kann das Kleinkind auch mal frei im Wohnzimmer umherlaufen, ohne dass Du als Elternteil jede Sekunde dabei sein muss. Du kannst so zum Beispiel in Ruhe parallel das Mittagessen zubereiten oder dem Postboten die Tür öffnen. Wichtig ist, dass das Kind die Box als Ruhezone akzeptiert und nicht ständig mit den Fäusten dagegen hämmert oder Stifte durch das Gitter wirft. Zudem muss sich auch Deine Französische Bulldogge in der Box wohlfühlen und diese als Ruhezone und nicht etwa als Bestrafung oder Ausschluss aus der Familie wahrnehmen. Aus diesem Grund ist es wichtig, dass Du die Box richtig etablierst und Deine Französische Bulldogge auf keinen Fall mit Zwang an sie gewöhnst. Wie bei uns Menschen geht auch bei Hunden die Liebe häufig durch den Magen und das kannst Du Dir für die Hundebox zu Nutze machen. Sollte sich Dein Hund nicht schon von sich aus für die Box interessieren, kannst Du sein Interesse wecken, indem Du Leckerchen in die Box wirfst und sie ihn in der Box fressen lässt. Klappt das gut, kannst

Du ihn durch einen Kauknochen in der Box dazu bringen, auch mal längere Zeit ruhig in der Box zu bleiben und das Ganze positiv zu verknüpfen. Wenn Deine Französische Bulldogge allerdings zusammen mit dem Knochen aus der Box will, nimmst Du ihr diesen einfach wieder kommentarlos ab und wirfst ihn wieder in die Box. Probeweise kannst Du dann auch mal die Türe schließen. Bleibe aber bitte zu Beginn unbedingt in der Nähe der Box und steigere die Zeit nur in kleinen Schritten. Gerne kannst Du Deinen Hund ebenfalls nach einer aufregenden Trainingseinheit oder einem spannenden Spaziergang mit Leckerchen und Streicheleinheiten in die Box locken und warten, bis er seinen wohlverdienten Erholungsschlaf beginnt. Schließe vorsichtig die Tür und gewöhne in so daran, die Box als Entspannungsplatz zu nutzen. Entferne Dich langsam Schritt für Schritt immer mehr von der Box, bis es für Deine Französische Bulldogge vollkommen in Ordnung ist, dass sie mal für eine Stunde in Ruhe in ihrer Box liegt, während im Wohnzimmer das Kind spielt und Du in der Küche kochst. Dadurch kannst Du Deinen Alltag deutlich erleichtern. Verwechsle die Box aber bitte niemals mit einer Bestrafung und sperre Deinen Hund nicht dort ein, um ihn für Fehlverhalten zu züchtigen. Diese Form der Bestrafung wird langfristig keinen Erfolg bringen und die Beziehung Deines Hundes zur Box (und auch zu Dir) dauerhaft schädigen.

Damit das System der Liegeplätze funktioniert, ist es unentbehrlich, dass alle Mitglieder im Haushalt die Liegeplätze des Hundes als **Ruhezonen akzeptieren**. Wenn Deine Französische Bulldogge dort liegt, soll sie weder geweckt noch zum Spielen animiert werden. Kinder stürzen sich nicht überraschend auf sie, springen im wilden Spiel über sie oder bewerfen sie mit Gegenständen. Die Liegeplätze des Hundes müssen für Deine Kinder ein absolutes Tabu sein. Was viele dabei vergessen, ist, dass es auch für Deine Französische Bulldogge Räume gibt, die für sie Tabuzonen sind. Solange Deine Kinder noch nicht im Teenager-Alter sind, empfehle ich, dass ihre Kinderzimmer tabu sind, beziehungsweise dass Dein Hund nur auf explizite Einladung (und in Ausnahmefällen) dort hinein darf. Hintergrund ist der, dass dort zum einen meist sehr viel Spielzeug liegt, das für Deine Französische Bulldogge einfach zu verlockend sein wird. Zum anderen soll aber auch Dein Kind einen Ort im Haus haben, an den es sich zu jeder Zeit zurückziehen kann, wenn es ungestört von eurem Hund spielen möchte. Am Anfang kannst Du diese Ruhezone noch durch Hilfsmittel wie beispielsweise ein Türgitter etablieren. So kann Deine Französische Bulldogge im Gegensatz zu einer geschlossenen Zimmertür noch mitbekommen, was im Zimmer geschieht (und somit am Familienleben teilhaben), sie stört aber nicht und kann weder an Dein Kind noch an das Spielzeug gelangen. Mit der Zeit kannst Du testen, ob Dein Hund die Tabuzone verinnerlicht hat, indem

Du das Türgitter offenstehen lässt, wenn Du mit Deinem Kind zusammen in seinem Zimmer spielst. Kommt Dein Hund Dir hinterhergelaufen, bringst Du ihn kommentarlos wieder vor die Tür. Werde nicht böse, sondern bleibe ruhig und gelassen – auch wenn sich der Vorgang etliche Male wiederholt. Am einfachsten setzt Du den Rausschmiss dabei um, indem Du Deinem Hund vor dem Training Halsband und Leine anlegst. Sei ausdauernd und halte durch. Wenn Du möchtest, kannst Du zusätzlich ein Signalwort und die passende Hundekörpersprache etablieren. Als Wort verwende ich „Raus", dabei mache ich mich möglichst groß, beuge mich leicht nach vorne und fixiere meinen Hund mit den Augen. Dieselbe Körpersprache verwenden Hunde, wenn sie einem Artgenossen anzeigen, dass sie ein Gebiet für sich beanspruchen. Reagiert Deine Französische Bulldogge darauf und verlässt den Raum, lobst Du sie kurz, ehe Du Dich wieder dem Spiel mit Deinem Kind widmest. Reagiert sie nicht, nimmst Du sie an der Leine und führst sie kommentarlos raus. Behalte Deinen Hund im Auge und sobald er sich anschickt, die Pfote über die Türschwelle zu schieben, wiederholt sich das Spiel. Erst wenn Dein Hund zu 100 Prozent verinnerlicht hat, dass er das Kinderzimmer auch bei geöffnetem Türgitter nicht betreten darf, kannst Du ihn (wenn Du willst) ab und an mit Kommando „Hier" ins Kinderzimmer rufen. Wundere Dich nicht, wenn Deine Französische Bulldogge zunächst etwas verunsichert ist und nur vorsichtig eine Pfote nach der anderen in das Zimmer setzt – das ist normal. Sie wird sich jedoch schnell daran gewöhnen, dass das Zimmer nicht komplett tabu ist, sondern mit Einladung von ihr betreten werden darf.

Neben dem Einrichten der Liegeplätze und dem Durchsetzen von Ruhezonen ist es im Familienalltag überaus nützlich, wenn Du Deine Französische Bulldogge zu jeder Zeit **auf ihre Decke schicken** kannst. Wir hatten dieses Thema bereits in einem vorherigen Kapitel, als es um das nach Hause kommen in Kombinationen mit Einkäufen oder Baby ging, angesprochen. Aber auch in anderen Alltagssituationen (beispielsweise, wenn Dein Kind ein Wasserglas fallen lässt) kann es nützlich sein, wenn Dein Hund allein auf Dein Kommando hin auf seinen Liegeplatz läuft und auch dort bleibt. Das schafft Dir Freiräume und trägt auch zur Gesundheit Deines Hundes bei. Du trainierst das Kommando am besten, wenn Dein Hund etwas hungrig ist und dadurch besonders gut auf Leckerchen reagiert. Stelle Dir dafür einen kleinen Vorrat bereit und werfe ein Leckerchen auf seinen Liegeplatz. Dein Hund darf sofort hinterherlaufen und es fressen. Wiederhole diese Übung immer und immer wieder. Wenn es richtig gut funktioniert, änderst Du den Ablauf. Und zwar wirfst Du das Leckerchen jetzt nicht, sondern wartest ab, was Dein Hund macht. Wenn Deine Französische Bulldogge die Übung bereits gut verinnerlicht hat, ist die Wahrscheinlichkeit groß, dass sie jetzt von sich aus auf die Decke läuft, denn sie hat gelernt, dass es dort von Dir Leckerchen gibt. Wenn sie das macht, lobst Du sie sofort mit einem Leckerchen. Sollte Deine Französische Bulldogge noch nicht direkt auf die Decke stürmen, rate ich Dir, sie genauer zu beobachten und auch kleinere Erfolge zu belohnen. Wandert ihr Blick beispielsweise hoffnungsvoll zu ihrem Liegeplatz? Dann werfe genau in diesem Moment das Leckerchen erneut auf die Decke. Oder macht sie vielleicht einen zögerlichen Schritt in die richtige Richtung und bleibt dann wieder stehen? Werfe auch in diesem Fall erneut das Leckerchen. Führe sie auf diese Weise immer näher an Dein Wunschverhalten heran, bis sie von selbst auf die Decke läuft. Jetzt kannst Du jedes Mal das Signalwort „Auf die Decke" hinzufügen. Wichtig dabei ist, dass Du das Signal genau dann gibst, wenn sie die Decke betritt und nicht, wenn sie schon auf ihr steht. Hat sie die Übung so weit verinnerlicht, dass dieser Part problemlos klappt, kannst Du damit beginnen, die Distanz stetig zu erhöhen. Am Ende solltest Du Deine Französische Bulldogge zum Beispiel vom Flur aus auf die Decke ins Wohnzimmer schicken können. Wenn das klappt, muss Dein Hund jetzt nur noch lernen, dass er auch längere Zeit auf der Decke bleibt und nicht sofort wieder hinunterläuft. Um das zu schaffen, reduzierst Du wieder die Distanz zur Decke. Stelle Dich direkt daneben und gebe Deinem Hund weitere Leckerchen, wenn er nach dem Kommando auch weiterhin auf der Decke bleibt. Dadurch lernt Deine Französische Bulldogge, dass es sich für sie nicht nur lohnt, auf die Decke zu gehen, sondern auch dort zu bleiben. Am Anfang sind die Abstände zwischen den einzelnen Futterstücken noch recht kurz, am Ende können es aber schon 20 Minuten sein. Du gestaltest die Übung für Deinen Hund angenehmer und einfacher, wenn Du ihn nicht erwartungsvoll auf der Decke stehen lässt, sondern ihn ablegst und ihm durch Dein eigenes Verhalten zeigst, dass jetzt Ruhe angesagt ist. Lese beispielsweise ein Buch oder trinke entspannt eine Tasse Tee. Läuft Dein Hund während der Übung von der Decke, stehst Du kommentarlos auf, rufst ihn zurück und legst ihn wieder ab und beginnst die Leckerchenfütterung von vorne. Auch hierfür wirst Du gerade zu Beginn viel Geduld und Konsequenz benötigen – aber es wird sich auf lange Sicht lohnen.

Im nächsten Schritt empfehle ich allen Familien, ihrem Hund beizubringen, nicht immer nach seinem Belieben **auf Bett und Sofa zu liegen**, sondern nur dann, wenn Du es auch möchtest. An der Frage, ob Hunde überhaupt etwas auf dem Bett oder dem Sofa zu suchen haben, scheiden sich die Geister. Ich muss persönlich gestehen, dass ich kein Fan davon bin, aber das ist meine ganz eigene Meinung dazu und hat hauptsächlich mit dem Schmutz zu tun, der unvermeidbar ist. Es ist aber vollkommen in Ordnung, wenn Du gerne mit Deinem Hund dort kuschelst und schmust. Entgegen der vielverbreiteten Meinung wird kein Hund die Weltherrschaft an sich reißen, nur weil er zu Hause auf dem Sofa liegen darf. Wichtig ist in einer Familie jedoch, dass ein Hund seinen Sofaplatz auf keinen Fall vor anderen Familienmitgliedern oder auch Gästen verteidigt. Und wenn Babys oder Kleinkinder in der Familie leben, ist es ebenfalls wichtig, dass niemals der Hund entscheidet, wann er aufs Bett oder das Sofa darf, da er dort nie unbeobachtet mit Deinem Kind liegen sollte. Zu groß ist die Gefahr, dass etwas passiert. Am besten klärt ihr innerhalb der Familie ab, ob alle damit einverstanden sind, dass der Hund auf das Sofa darf und legt gemeinsam die Spielregeln fest, an die sich anschließend alle halten müssen. Springt euer Hund dann mal von sich aus auf das Sofa, schickst Du ihn ruhig, aber bestimmt wieder runter. Ist Dein Hund wie viele andere, wird er es kurz darauf wieder probieren und erneut aufs Sofa springen, schicke ihn auch dann wieder runter und lege ihn eventuell auf seinem Liegeplatz ab. Behalte die Geduld und bleibe konsequent. Eventuell kann es zu Beginn des Trainings (und insbesondere dann, wenn Dein Hund bisher immer auf das Sofa durfte, wann er wollte) sinnvoll sein, ihn am Liegeplatz anzuleinen. Stelle dabei aber sicher, dass es sich für Deinen Hund nicht als Strafe anfühlt. Sobald er für eine kurz Zeit ruhig ist, kannst Du zu ihm gehen und die Leine wieder lösen. Bleibt er auch dann noch ruhig, kannst Du ihn erneut belohnen. Kreiere ein Kommando, mit dem Du Deiner Französischen Bulldogge signalisierst, dass sie jetzt aufs Sofa oder Bett darf, wie zum Beispiel „Komm rauf". Achte aber darauf, dass der Impuls auch wirklich nur von Dir ausgeht. Was meine ich damit? Wenn Du entspannt auf der Couch sitzt, ein Buch liest und Deine Französische Bulldogge zu Dir kommt und Dich anschmust und Du sie auf die Couch bittest, ging die Initiative eigentlich von ihr aus. In einen solchen Fall rate ich dazu, sie zuerst zu ignorieren (auch wenn das bei den großen süßen Hundeaugen durchaus schwerfallen kann) und abzuwarten. Erst wenn sie aufgibt und sich beispielsweise auf die Decke legt, kannst Du sie nach kurzer Zeit rufen und zu Dir auf die Couch lassen. Bespreche all das auch mit Deinen Kindern und probiert, euren Hund immer gleich zu behandeln.

Kommen wir jetzt zum **Impuls-Kontroll-Training**. Du kennst einen Teil davon bereits, denn wir haben in einem vorherigen Kapitel schon das Signalwort „Tabu" etabliert. Hintergrund dieses Trainings ist, dass Dein Hund lernt, dass Spielzeug oder Futter, das herumliegt oder auch geworfen wird, nicht unweigerlich für ihn bestimmt ist. Du stimmst mir sicherlich zu, dass diese Eigenschaft gerade im turbulenten Familienalltag sehr nützlich ist, oder? Um dieses Lernziel zu erreichen, ist es Grundvoraussetzung, dass Deine Französische Bulldogge bereits die Signale „Sitz" und auch „Bleib" verinnerlicht hat. Wenn dem so ist, starte das Training, indem Du Deinen Hund absetzt und ihm signalisierst, dort zu bleiben. Lege jetzt ein Leckerchen in kurzer Distanz von ihm aus. Wenn er sitzen bleibt, kehrst Du zu ihm zurück und belohnst ihn. Im Idealfall solltest Du verhindern, dass Dein Hund an das Leckerchen kommt, wenn er doch losläuft (hierbei kann zum Beispiel eine Leine sehr hilfreich sein). Schicke ihn dann wieder an seinen Sitzplatz zurück und wiederhole die Übung. Reduziere eventuell die Wartezeit oder gehe langsamer und bedächtiger vor. Klappt es, kannst Du entscheiden, ob Du Deinem Hund das Signal gibst, die Leckerchen zu fressen oder ob Du sie selbst wieder einsammelst. Als Steigerungsform gestaltest Du die Übung dynamischer. Du legst das Futter nicht mehr vorsichtig ab, sondern lässt es weit genug von Deinem Hund entfernt einfach fallen (eine weitere Steigerung ist dann das Werfen). Nähere Dich Deinem Hund immer weiter an. Am Ende solltest Du direkt neben ihm stehen und dynamisch Futter werfen können und Deine Französische Bulldogge bleibt entspannt sitzen. Klappt das, erhöhen wir erneut die Schwierigkeit. Jetzt sitzt Dein Hund nicht mehr entspannt an einer Stelle, sondern kommt ebenfalls in Bewegung, zum Beispiel indem Du mit ihm „Bei Fuß“ spazieren gehst. Dabei wirfst Du zunächst Futter zu der Seite weg, an der Dein Hund geht, und wenn das problemlos klappt, wirfst Du es sogar in Laufrichtung und gehst daran vorbei, ohne dass Deine Französische Bulldogge probiert, es zu fressen. Belohne sie ausgiebig und entscheide, ob Du sie anschließend das Futter fressen lässt oder es selbst wieder einsammelst. Beides ist in Ordnung. Die letzte Steigerungsform besteht darin, dass Du Deine Französische Bulldogge im Freigang oder beim Spielen mit rumfliegenden Leckerchen testest. Werfe sie genau dann, wenn Dein Hund mal zu Dir schaut, weg. Zu Beginn nicht zu dynamisch und nicht in seine Richtung. Bleibt er ruhig und entspannt und schaut dem Wurf nur interessiert hinterher, ist alles perfekt, Du kannst ihn loben und die Dynamik langsam erhöhen und auch mehr in seine Richtung werfen. Möchte er jedoch auf das Leckerchen zustürmen, stoppst Du ihn mit „Tabu" und wiederholst nochmal die vorherigen Trainingsschritte ein paar Mal, bevor ihr einen neuen Versuch startet. Ab und an kannst Du ihn anschließend die Leckerchen fressen lassen, aber bitte nicht immer. Er soll lernen, dass herumfliegendes Essen nicht immer für ihn gedacht ist und dass er es nur auf Dein Signal fressen darf. Alternativ kannst Du das Training selbstverständlich neben Leckerchen auch mit Spielzeug aufbauen.

Das Impuls-Kontroll-Training bietet darüber hinaus eine sichere Grundlage, um die **Tischmanieren** in Deiner Familie so alltagstauglich wie möglich zu gestalten. Denn im Optimalfall sollte Dein Hund herunterfallendes Essen nicht als sein Anrecht ansehen und auch nicht lauernd neben dem Stuhl Deiner Kinder sitzen, um auf den nächsten herabfallenden Leckerbissen zu warten. Gleichzeitig sollte Deinen Kindern aber auch bewusst sein, dass Essen nicht geworfen und schon gar nicht dem Hund hingehalten wird. Denn den meisten Kindern macht es sehr viel Spaß, dem Hund Essen zu reichen (insbesondere, wenn sie es selbst nicht mögen). Allerdings können gerade Kleinkinder nur schlecht einschätzen, wie viel Futter der Hund schon hatte und ob die Nahrung überhaupt gesund für Deinen Hund ist. Daher ist hier auch wieder eine gewisse Erziehung des Kindes notwendig. Entgegen der Meinung vieler ängstlicher Eltern ist es jedoch vollkommen in Ordnung, wenn Dein Hund bei euren gemeinsamen Mahlzeiten anwesend ist. An einem Liegeplatz im Esszimmer oder der Küche ist nichts auszusetzen. Er sollte jedoch nicht direkt unter dem Tisch sein und auch so weit vom Tisch entfernt sein, dass Dein Hund nicht direkt an herabfallendes Essen herankommt. Egal ob absichtlich oder aus Versehen, heruntergefallenes Essen stellt für einen Hund, der noch keine Impuls-Kontrolle gelernt hat, eine unwiderstehliche Versuchung dar und er wird unweigerlich danach schnappen. Das kann (muss aber nicht) irgendwann einmal dazu führen, dass Dein Hund nicht nur nach dem Essen, sondern versehentlich auch nach der Hand Deines Kindes schnappt. Verletzungen sind da irgendwann nicht mehr zu vermeiden. Hat Deine Französische Bulldogge jedoch das zuvor beschriebene Impuls-Kontroll-Training absolviert, kannst Du sie in der Regel auf ihrem Liegeplatz ablegen und sie bleibt auch dann entspannt liegen, wenn einmal versehentlich Essen herunterfällt. Am besten testest Du diese Situation aber nicht direkt beim Essen mit der gesamten Familie, sondern allein mit ihr am Tisch. Wie zufällig fällt Dir mal eine Scheibe Wurst herunter und Du beobachtest genau, wie Deine Französische Bulldogge reagiert. Schaut sie Dich auf-fordernd und fragend an, hat sie die Übung des Impuls-Kontroll-Trainings auch auf diese Situation übertragen. Lobe sie ausgiebig, hebe die Wurst aber selbst wieder auf und lasse sie sie nicht fressen. Allgemein ist es ratsam,

Deinen Hund nicht mit Essen vom Esstisch zu füttern. So vermeidest Du von Beginn an, dass er bettelnd neben dem Tisch sitzt und die Erwartungshaltung entwickelt, etwas abbekommen zu können.

Natürlich sind keine dieser Ratschläge zwingend notwendig. Aber ich hoffe, ich konnte Dir zeigen, dass nicht nur Du, sondern auch Dein Hund und Deine gesamte Familie deutlich freier und unbeschwerter im Alltag zusammenleben können, wenn ihr die Ratschläge befolgt und sie konsequent mit eurer Französischen Bulldogge trainiert. Es geht wie immer darum, ein paar Regeln aufzustellen, durch die später alle mehr Freiheiten und mehr Ruhe erfahren. Am Anfang wird es nicht leicht sein, das steht ohne Zweifel fest und es wird auch viel Konsequenz und Geduld von Dir verlangt werden. Da das Training mit Deiner Französischen Bulldogge schon mal kleinteiliger und langwieriger sein kann, als bei anderen Hunderassen, solltest Du niemals zu früh aufgeben. Es gibt nichts, was Dein Hund nicht durch ausreichend Geduld und Konsequenz lernen kann. Und davon werden Du und Deine Familie Jahre zehren. Es lohnt sich daher, das kann ich Dir auf jeden Fall versprechen.

Wenn Dein Kind Angst vor Hunden hat

Die Entscheidung, ob ein Hund Teil der Familie wird, sollte im Großen und Ganzen immer den Eltern obliegen. Natürlich ist es wichtig, das Thema im Familienkreis vorab zu besprechen, doch die letztendliche Entscheidung liegt bei den Eltern. Diese sollten dabei die Meinung der Kinder miteinbeziehen, aber auch entsprechend gewichten. Der fehlende Freudenausbruch bei einem pubertierenden Jugendlichen, dem in der Regel sowieso alles egal ist, sollte dabei anders bewertet werden als die ernsthaft vorgetragene Angst vor Hunden.

Wenn Dein Kind Angst vor Hunden hat, musst Du das auf jeden Fall ernst nehmen und Du solltest es nicht vor vollendete Tatsachen stellen, indem Du einfach einen Hund anschaffst. Natürlich spielt hierbei sowohl die Ausprägung der Angst wie auch das Alter des Kindes eine maßgebliche Rolle. Vor allem bei jungen Kindern können schon kleinere Zwischenfälle, wie zum Beispiel ein bellender großer Hund, vor dem sich das Kind erschreckt, ein kleines Trauma auslösen – ein Beißvorfall ist hierfür noch nicht einmal notwendig. Hat Dein Kind nur eine leichte Angst vor Hunden, kann diese vielleicht sogar schon durch einen gut sozialisierten älteren Hund überwunden werden, mit dem Dein Kind einen langsamen Kontakt aufbaut, bevor bei euch ein Hund einzieht.

Liegt die Angst jedoch tiefer (und wurde sie vielleicht sogar durch einen Beißvorfall verursacht), rate ich Dir, unbedingt professionellen Rat einzuholen. Dieser kann zum Beispiel von einem Kinderpsychologen kommen oder auch von einem geschulten Hundetrainer. Auf keinen Fall solltest Du die Angst ignorieren oder glauben, dass Dein Kind sie schon vergessen wird, wenn der Hund erst mal eingezogen ist. Diesen Gedanken verfolgen Eltern insbesondere dann häufig, wenn sie sich für die Anschaffung eines Welpen entschieden haben. Durch das plüschige Äußere und die tapsige Art vermuten sie, dass ihr Kind schnell seine Angst vergisst und sich in den süßen Vierbeiner verliebt. In einigen Fällen mag das tatsächlich auch funktionieren, aber das muss nicht so sein. Gerade Welpen verfügen häufig noch nicht über eine gut etablierte Beißhemmung und so können die spitzen Welpenzähne die Angst trotz des süßen Äußeren noch verstärken.

Favorisiert ihr dagegen einen bereits erwachsenen Hund, birgt auch das Gefahren. Zwar sind erwachsene Hunde meist etwas ruhiger als Welpen und verfügen über eine Beißhemmung, aber auch das muss kein Garant auf einen Erfolg sein. Bei der Auswahl des Hundes solltet ihr euer Kind unbedingt miteinbeziehen. Sowohl Kind als auch Hund sollten vorab mehrfach in unterschiedlichen Situationen aufeinandergetroffen sein. Auch hierbei kann es hilfreich sein, einen professionellen Hundetrainer dazuzunehmen.

Dieser schaut sich den Hund separat aber auch im Zusammenspiel mit der Familie an und kann wertvolle Tipps geben, aber auch eine Empfehlung aussprechen, ob der Hund so überhaupt in die Familie integriert werden sollte. Denn nur, wenn sich Kind und Hund in der neuen Situation wohl fühlen, solltet ihr euch als Eltern für den Hund entscheiden. Es gibt kaum etwas traurigeres, als einen Tierheimhund nach ein paar Wochen oder Monaten wieder abzugeben, weil die bereits vorab bekannte Angst des Kindes ein Zusammenleben dauerhaft verhindert. Diese Erfahrung wird sowohl für den Hund als auch für Dein Kind sehr traumatisch sein und sollte nach Möglichkeit verhindert werden. Seriöse Hundevermittler (auch in Tierheimen) bestehen daher in der Regel darauf, die gesamte Familie vorab kennenzulernen, um genau das auszuschließen.

Was Du bei Deiner Französischen Bulldogge besonders beachten musst

Bedenke, dass Deine Französische Bulldogge auf ein Kind ganz anders wirken kann als auf Dich. Es handelt sich bei ihr zwar um eine kleine Rasse, dennoch kann sie insbesondere auf Kleinkinder auch einschüchternd wirken. Dass diese Rasse ein wundervolles und sanftes Wesen hat, wissen Du und ich sehr genau, Dein Kind aber nicht. Es kann daher sein, dass es sich einfach aufgrund der aus seiner Perspektive verhältnismäßig großen Größe oder der ungestümen freudigen Art vor ihm fürchtet. Nehme die Angst daher ernst und führe es lieber mit professioneller Hilfe sanft an das Thema Französische Bulldogge heran, als es vor vollendete Tatsachen zu stellen und allein mit seiner Angst zu lassen. Zeit kann hierbei Wunder wirken und ein langsames Gewöhnen an die Rasse wird sowohl für Dein Kind als auch für Deine zukünftige Französische Bulldogge deutlich angenehmer sein als ein erzwungenes Zusammenleben.

WENN ES ZU PROBLEMEN ZWISCHEN KIND UND HUND KOMMT

Manchmal sind Probleme zwischen Kind und Hund einfach nicht zu vermeiden. Oberste Priorität sollte dabei immer die Sicherheit des Kindes haben, egal wie schwer die daraus resultierenden Entscheidungen Dir als Elternteil auch fallen werden. Doch bevor erst über Folgeentscheidungen gesprochen wird, ist es wichtig, die Ist-Situation genau zu analysieren. Befrage Dein Kind daher bei auftretenden Problemen genau, was passiert ist und wie es sich dabei fühlt.

Sobald Dein Kind über dauerhaften Stress oder sogar Angst klagt, muss Du unbedingt handeln. Kleinere Probleme wirst Du mit den in diesem Buch beschriebenen Tipps und Regeln gut behandeln können. Manchmal liegt es einfach daran, dass Dein Kind die Bedürfnisse eures Hundes nicht beachtet oder seine Körpersprache nicht versteht. Oder euer Hund hat den Eindruck, dass er für die Erziehung eures Kindes mitverantwortlich ist. In diesen Fällen solltest Du die vorherigen Kapitel noch einmal genau durchlesen und überprüfen, ob mit etwas Training (sowohl in Puncto Hund als auch Kind) und klar aufgezeigten Grenzen das Problem wieder verschwindet. Ist dies jedoch nicht der Fall, muss professionelle Hilfe her. Das gilt auch, wenn nicht Dein Kind, sondern euer Hund unter den Problemen leidet. Wenn sich eure Französische Bulldogge sofort an die Wand drückt oder sogar den Raum verlässt, wenn euer Kind eintritt, sollten bei Dir ebenfalls die Alarmglocken läuten.

Wenn Du Dir selbst nicht sicher bist, woher die Probleme kommen und wie oder ob überhaupt eine Behebung möglich ist, empfehle ich Dir ganz klar, eine Hundeschule aufzusuchen. Scheue Dich bitte nicht davor, einen Hundetrainer um Hilfe zu bitten. Du bist nicht der einzige Mensch, der Probleme im Zusammenleben mit seinem vierbeinigen Freund hat und allein nicht mehr weiterweiß. Du wirst nicht verurteilt werden, sondern ganz im Gegenteil hast Du Deine eigenen Grenzen erkannt und möchtest nicht den einfachsten Weg wählen und den Hund einfach abgeben, sondern an eurer gemeinsamen Beziehung arbeiten. Das ist mehr als nur löblich und ich bin mir sicher, dass Dir das auch jeder Trainer bestätigen wird. Je nach dem kann es ratsam sein, den ersten Termin ohne Dein Kind zu vereinbaren, da Du dann offener über die Problematik sprechen kannst.

Ein seriöser Trainer wird anschließend einen gesonderten Termin bei euch zu Hause vereinbaren. Er wird sich anschauen, wie ihr zusammen interagiert und miteinander kommuniziert. Wahrscheinlich wird er euch auffordern, mit dem Hund zu spielen, ihn zu füttern oder ihn zu kämmen. Eventuell unternehmt ihr auch einen kurzen Spaziergang zusammen. Für ihn wird es wichtig sein, so gut wie möglich einen Einblick in euren Alltag zu erhalten. Für ihn wird die Ursache für euer Problem wahrscheinlich schnell ersichtlich sein und häufig liegt sie ganz anders als vermutet. Im Idealfall wird er gemeinsam mit euch einen Trainingsplan erarbeiten und euch auf dem gemeinsamen Weg immer wieder begleiten und euch spezifische Tipps zur Umsetzung geben. Der Weg wird nicht leicht werden und sehr wahrscheinlich einiges an Zeit und eine gewisse Bereitschaft zur Umstellung verlangen. Aber wenn ihr euch konsequent an den Trainingsplan haltet, sind die Erfolgschancen meist groß.

Um die Probleme schon vorab zu vermeiden oder zu reduzieren, ist es für manche (insbesondere ängstliche) Kinder eventuell sinnvoll, einen speziellen Kind-Hund-Kurs in der Hundeschule zu besuchen (dieser ist schon ab dem Grundschulalter sinnvoll). Hierbei wird Dein Kind nicht nur dazu animiert werden, an bestimmten Trainings mit eurer Französischen Bulldogge teilzunehmen, sondern es lernt auch einiges über euren Hund. So wird meist sehr intensiv auf die Körpersprache des Hundes eingegangen und auch die hundespezifischen Bedürfnisse werden genau erläutert. Ich habe schon häufig die Erfahrung gemacht, dass Kinder dieses Wissen, aber auch die Aufforderung zur Anpassung ihres eigenen Verhaltens deutlich eher von Fremden annehmen als von den eigenen Eltern. Auch wenn diese genau dasselbe sagen wie der Hundetrainer. Solltest Du also vorab Bedenken haben, dass es zwischen Deinem Kind und Deiner Französischen Bulldogge zu Problemen kommen könnte, lege ich Dir die speziellen Hund-Kind-Kurse sehr ans Herz.

In manchen Fällen hilft aber leider das beste Training der Welt nicht und Du musst Dich für die Abgabe Deiner Französischen Bulldogge entscheiden. Gerade erwachsene Hunde, die nie mit Kindern in Berührung gekommen sind, sind manchmal nicht in der Lage, sich an ein lautes und chaotisches Familienleben mit Kleinkindern anzupassen. Gerade in so einem Fall ist eine Abgabe meist unumgänglich. Ich kann Dir in solch einem Fall nur ans Herz legen, Dich gut um die Suche nach einer neuen Familie zu kümmern und eure Französische Bulldogge nicht einfach im Tierheim abzugeben. Vielleicht habt ihr im Bekanntenkreis ein kinderloses Paar oder eines, bei dem die Kinder schon ausgezogen sind, die sich sehr über einen erwachsenen Hund freuen würden? Und begehe bitte nicht den Fehler, einfach sofort einen neuen Hund anzuschaffen. Solltest Du den alten Hund wegen unüberbrückbarer Probleme abgegeben haben, musst Du Dich vor dem nächsten Hundekauf genau informieren, ob dieser auch in eure Familie passt!

Was Du bei Deiner Französischen Bulldogge besonders beachten musst:

Leider kann es auch bei so verträglichen Rassen wie Deiner Französischen Bulldogge und trotz all Deiner Bemühungen zu unüberwindbaren Schwierigkeiten kommen. Wenn es zwischen Deinem Kind und Deiner Französischen Bulldogge zu andauernden Problemen kommt und Deine Französische Bulldogge sich dazu genötigt sieht, sich entweder zu verteidigen oder erzieherisch auf Dein Kind einzuwirken, musst Du frühzeitig den Schlussstrich ziehen. Das ist auch dann der Fall, wenn es bisher noch nicht zu ernsthaften Verletzungen, aber zu brenzligen Situationen gekommen ist.

So sehr wie ich diese Rasse auch liebe, geht die Sicherheit eines Kindes immer vor. Auch wenn sich euer Hund keines Fehlverhaltens schuldig gemacht hat, sondern sich aus seiner Sicht logisch und nachvollziehbar verhält, musst Du hier mehr aufpassen als andere Hundehalter, da auch der Biss einer Französischen Bulldogge sehr wohl Folgen haben kann.

Umgekehrt solltest Du auch den Schutz Deines Hundes nicht außer Acht lassen. Wenn Dein Kleinkind einfach nicht versteht, dass es mit Deinem Hund vorsichtig umgehen muss, der Hund zwar ungewollt aber regelmäßig gequält wird und schon das Zimmer verlässt oder sich an die Wand presst, wenn Dein Kind erscheint, dann ist es ebenfalls notwendig, einen Schlussstrich zu ziehen – dieses Mal zum Wohle Deines Hundes. Diese Entscheidung wird Dir sicherlich nicht leicht fallen, aber wenn Du alles in Deiner Macht stehende versucht hast und einfach keine Besserung eintreten will, ist die Abgabe manchmal die einzige Lösung.

- Kapitel 4 -

Gemeinsame Aufgaben- übernahme

Kinder können im Alltag mit Hunden selbstverständlich auch einen Teil der Aufgaben übernehmen. Wie viele und wie selbstständig hängt dabei sehr stark vom individuellen Entwicklungsgrad des Kindes, aber auch dem Verhalten des Hundes ab. Für mich gelten dabei zwei feste Grundsätze:

1. Deine Französische Bulldogge muss bei allen Aufgaben, die von Deinem Kind übernommen werden sollen, vollkommen entspannt und ruhig sein.
2. Die Hauptverantwortung liegt trotzdem immer bei Dir als Elternteil. Zwar kann Dein Kind eine Aufgabe gerade im Teenageralter auch vollverantwortlich übernehmen, aber es bleibt dennoch an Dir hängen, auch zu überprüfen, ob die Aufgaben richtig und regelmäßig erfüllt werden. Du bist das Elternteil und trägst daher immer die letztendliche Verantwortung.

Welche Aufgaben Du an Deine Kinder übertragen kannst und welche Du doch besser selbst erledigst, erfährst Du in den nachfolgenden Kapiteln.

Aufgaben für Eltern

Ist eine bestimmte Aufgabe für Deinen Hund mit Stress verbunden, sollte diese grundsätzlich immer von Dir übernommen werden. Das gilt für fast alle Aufgaben, die mit der Körperpflege[6] zu tun haben. Für manche Hunde ist es stressig, gekämmt oder gebadet zu werden oder die Krallen geschnitten zu bekommen. Kinder sind häufig weniger gut in der Lage, die Körpersprache eines Hundes richtig zu deuten und festzustellen, wie weit sie noch gehen können, beziehungsweise wie viel sie ihm noch zumuten können. Dazu kommt, dass Deine Französische Bulldogge manche Handlung von Dir zwar nicht mögen, aber dulden wird, das muss bei Deinem Kind aber nicht der Fall sein, da sie dieses nicht als gleich- oder höherrangig ansehen wird.

Klassische Aufgaben, die dazugehören, sind:

- Krallenschneiden
- Zecken entfernen
- Trimmen (bei Deiner Französischen Bulldogge wird es zum Glück selten nötig sein)
- Augenpflege

---

[6] Ausführliche Tipps, wie Du die Körperpflege Deiner Französischen Bulldogge richtig angehst, erhältst Du im dritten Teil dieser Reihe mit dem Titel „Französische Bulldogge Pflege“

- Ohrenpflege
- Zahnpflege
- Bürsten (bei ängstlichen Hunden)
- Baden

Hunde, die mit der Körperpflege negative Erfahrungen gemacht haben oder von sich aus ein ängstliches Verhalten zeigen, sollten ausschließlich von Dir oder einem anderen Erwachsenen gepflegt werden. Das gilt insbesondere dann, wenn Du eine beschwichtigende Körperhaltung erkennst, sobald Du beispielsweise nach der Bürste oder der Krallenschere greifst. Legt Deine Französische Bulldogge dann die Ohren an, klemmt den Schwanz zwischen den Hinterläufen ein oder drückt sich förmlich an die Zimmerwand, sollte dies ein klares Warnsignal für Dich sein, dass Dein Kind diese Aufgabe nicht übernehmen sollte.

Von den oben genannten Aufgaben eignen sich aus meiner Sicht lediglich das Bürsten und Baden für Kinder, wenn diese alt und erfahren genug sind, um mit eurer Französischen Bulldogge in diesen Situationen richtig umzugehen. Aufgaben, bei denen der Hund fixiert werden muss (wie das Krallenschneiden oder die Augen- und Ohrenpflege), sollten von Kindern auf keinen Fall übernommen werden. Das Fixieren an sich kann von Deiner Französischen Bulldogge schon als Anmaßung des Kindes empfunden werden und bei ihr ein Korrekturverhalten auslösen. Selbst Erwachsene benötigen bei diesen Aufgaben häufig Unterstützung durch eine zweite helfende Person und müssen sich genau konzentrieren, um beispielsweise nicht in die Adern des Hundes zu schneiden. Dasselbe gilt für die Augen- und Ohrenpflege, bei denen meist der Kopf festgehalten werden muss und häufig für den Hund unangenehme Tropfen ins Auge oder Ohr geträufelt werden. Auch die Entfernung einer Zecke kann für Deinen Hund nicht nur schmerzhaft, sondern durch das Festhalten und still Liegen zusätzlich unangenehm werden. Bei all diesen Aufgaben sollte Dein Kind im Idealfall noch nicht mal im selben Raum sein. Grund hierfür ist wieder die Nachahmungsgefahr, die wir bereits ein paar Mal erörtert haben.

Beim Thema Fütterung kannst Du Deine Kinder frühzeitig miteinbeziehen und ihnen einen Teil der Arbeit übertragen. Wichtig ist aber, dass Du Dir bewusst bist, dass es letztendlich in Deiner Verantwortung bleibt, sicherzustellen, dass eure Französische Bulldogge auch regelmäßig und in den richtigen Mengen gefüttert wird. Probiere dabei aber möglichst nicht, den Eindruck zu erwecken, Du würdest Dein Kind kontrollieren. Nutze lieber die Zeit, wenn es beispielsweise in der Schule ist, um zu überprüfen, wie viel Futter noch im Futtersack ist und ob das in etwa mit der Menge übereinstimmt, die bei richtiger Fütterung noch da sein sollte. Es ist auch kein Drama, wenn Dein Kind mal eine Mahlzeit vergisst. Hunde sollten zwar täglich ein- bis zweimal gefüttert werden, aber sie überleben auch eine ausgefallene Mahlzeit. Die Fütterung muss auch nicht immer zur exakt gleichen Uhrzeit erfolgen. So lernt Dein Hund gleichzeitig, dass es keine festen Fütterungszeiten gibt und er wird sein Futter auch nicht aktiv einfordern. Seine Vorfahren hatten auch keine festen Fütterungszeiten, sondern haben gefressen, wenn Futter (sprich Beute) vorhanden war.

Aufgaben für Kinder

Deine Kinder können abhängig von ihrem Alter Aufgaben in Teilbereichen der Fellpflege und Fütterung übernehmen. Sie können je nach ihrem Alter mehr oder weniger aktive Parts und teilweise auch schon die Hauptverantwortung übernehmen. Voraussetzung ist dabei immer, dass sich euer Hund beispielsweise von klein auf an die Pflegerituale gewöhnt hat und sie ohne Probleme duldet oder sogar als angenehm empfindet.

Neben den Bedürfnissen des Hundes ist es mir aber auch wichtig, dass sich Dein Kind mit den ihm übertragenen Aufgaben wohl fühlt. Mute ihm nicht zu viel zu und gestehe ihm noch weiterhin zu, Kind zu sein. Es sollte nicht vorkommen, dass Dein Teenager-Kind einen Wochenendausflug mit Freunden absagen muss, weil dieser genau in die Fütterungs- oder Fellpflegezeiten eurer Französischen Bulldogge fällt. Es ist wunderbar, wenn Kinder frühzeitig lernen, dass ein Hund auch gewisse Pflichtaufgaben mit sich bringt, aber diese sollten sie nicht einengen. Stattdessen sollten sie die gemeinsame Beziehung noch weiter stärken und ausbauen und die Freude Deines Kindes an eurem tierischen Mitbewohner weiter erhöhen.

KLEINKINDER

Auch wenn es manche Eltern überraschen wird, so kann auch ein Kleinkind seinen Anteil an der Pflege einer Französischen Bulldogge leisten. Hierbei sollte ich vielleicht sofort differenzieren, was ich damit meine. Du wirst Deinem Kind bei den Aufgaben vermitteln, dass es seinen Beitrag leistet – die meiste Arbeit wirst jedoch Du verrichten und das meist im Hintergrund, ohne dass es Dein Kind merkt.

So kannst Du beispielsweise eine regelmäßige Routine zum Bürsten einführen. Bereite dafür eine besondere Decke auf dem Boden aus und signalisiere Deiner Französischen Bulldogge, dass sie sich darauf ablegen soll. Hole jetzt Dein Kind dazu und erkläre ihm, dass sich jetzt um die Haare des Hundes gekümmert werden muss. Dafür soll euer Hund zur Vorbereitung erst einmal ausgiebig gestreichelt werden. Zeige Deinem Kind dabei die Stellen, an denen euer Hund besonders gerne gestreichelt und gekrault wird. Dabei kannst Du ruhig die Hand Deines Kindes in die eigene nehmen und sie führen. Erschaffe eine entspannte Atmosphäre, in der sowohl eure Französische Bulldogge als auch Dein Kind die gemeinsamen Berührungen genießt. Wenn die Situation entspannt und ruhig ist und Dein Kind Gefallen an der Aufgabe findet, kannst Du die Bürste hinzunehmen, die Du im Idealfall schon griffbereit neben Dir liegen hast. Zeige Deinem Kind am besten wieder indem Du seine Hand führst, wie es den Hund bürsten kann.

Verwende dabei auf jeden Fall eine weiche Bürste, auch wenn das bedeutet, dass das Fell Deiner Französischen Bulldogge dabei kaum ausreichend gebürstet wird. Es kommt nicht darauf an, dass dabei alle losen Haare entfernt werden, sondern dass Dein Kind eine innige Beziehung zu eurem Hund aufbaut und dabei gleichzeitig lernt, dass ein Hund auch Pflichten mit sich bringt. Um die Fellpflege Deines Hundes nicht zu vernachlässigen, solltest Du ihn im Anschluss aber nochmal selbst ordentlich durchbürsten. Achte aber darauf, dass Dein Kind das nicht mitbekommt und währenddessen mit einer anderen Sache beschäftigt ist oder schläft. Es könnte sonst sehr enttäuscht sein. Kinder nehmen ihre Aufgaben meist sehr ernst und wenn sie den Eindruck gewinnen, dass Du mit ihnen nicht zufrieden bist, verletzt es ihre Gefühle. Außerdem werden sie feststellen, dass Du beim Bürsten eventuell eine andere Bürste verwendest, und sie werden mit großer Wahrscheinlichkeit darauf bestehen, diese Bürste das nächste Mal ebenfalls zu verwenden.

Kleinkinder können, wenn es ihre Motorik erlaubt, auch bereits bei der Fütterung helfen. So können sie beispielsweise schon das Futter nach Deiner Anleitung in den Napf füllen (am besten reichst Du ihnen dafür schon den gefüllten Becher an und sie müssen ihn nur noch in den Napf kippen). Danebengegangene Futterstücke können sie anschließend aufsammeln und ebenfalls wieder in den Napf legen. Kleinkinder können dem Hund auch seinen Napf hinstellen, allerdings empfehle ich das nur, wenn Deine Französische Bulldogge bereits gelernt hat, dass sie sich geduldig vor dem Futternapf hinsetzt und erst auf Kommando anfängt zu fressen.

Wieso halte ich das für wichtig? Ein hungriger Hund, der sein Futter sieht, ist häufig übermütig und stürmisch. Wenn Deine Französische Bulldogge den lecker gefüllten Napf in den Händen Deines Kleinkindes sieht, kann es sein, dass sie auf es zustürmt und probiert, möglichst schnell an sein Futter zu gelangen. Auch wenn Deine Französische Bulldogge dabei ausschließlich freundliches Verhalten zeigt, kann sie Dein Kind im vollen Futter-Elan trotz ihrer geringen Größe unbeabsichtigt zu Fall bringen oder es erschrecken. Denn stelle Dir mal vor, wie es Dir ginge, wenn ein Pferd in vollem Galopp auf Dich zugelaufen käme und sich auf den Napf in Deinen Händen stürzen würde und Dich dabei vielleicht auch noch anrempelt und zu Fall bringt. Ich denke nicht, dass Dir das als allabendliches Ritual gefallen würde, oder? Trainiere daher vorab (und ohne die Anwesenheit Deines Kindes) mit Deinem Hund, ruhig vor dem Futternapf zu warten. Wichtige Grundvoraussetzung für diese Übung ist, dass Dein Hund bereits die Kommandos „Sitz“ und „Bleib“ verinnerlicht hat.[7]

---

[7] Wie Du diese trainierst, erfährst Du im ersten Teil dieser Buchreihe beziehungsweise auf den folgenden Seiten.

So trainierst Du das Warten vor dem Futternapf:

Wenn Deine Französische Bulldogge bisher noch nie vor ihrem Futternapf warten musste, wird das Training etwas länger dauern. Welpen lernen dieses Ritual meist sehr schnell und gewöhnen sich leicht daran, auf Dein Kommando zu warten. Bei älteren Hunden kann es jedoch schon mal ein paar mehr Wiederholungen und auch eine größere Menge Geduld von Deiner Seite aus erfordern.

Um Deinen Hund zu Beginn nicht zu überfordern, empfehle ich, das Training zunächst mit einem leeren Futternapf zu starten. Führe Deinen Hund zu seinem normalen Futterplatz und setze ihn ein paar Schritte von dem Platz entfernt ab, an dem normalerweise sein Napf steht. Halte währenddessen schon den leeren Napf in einer Hand. Gebe Deinem Hund jetzt das Kommando „Bleib" und stelle den Napf an seinem üblichen Platz ab. Deinen Hund solltest Du die ganze Zeit über im Auge behalten. Besonders kritisch wird für ihn der Moment sein, in dem Du den Napf tatsächlich abstellst. Wenn Du merkst, dass Dein Hund unruhig wird, gebe ihm kurz vor dem Abstellen nochmal das Kommando „Bleib". Sollte Deine Französische Bulldogge dennoch aufstehen, nimmst Du den Napf kommentarlos wieder hoch, bringst Deinen Hund zu seinem vorherigen Platz zurück, setzt in erneut ab und wiederholst das „Bleib“ Kommando. Die Übung startet jetzt von vorne, allerdings kannst Du die Schwierigkeit erstmal reduzieren, indem Du nur zur Futterstelle gehst, den Napf aber nicht abstellst. Bleibt Dein Hund brav sitzen, gehst Du zu ihm zurück und lobst ihn ausgiebig. Wiederhole die Übung mehrfach, bis Du Dir sicher bist, dass er sie verstanden hat.

Jetzt kannst Du die Schwierigkeit langsam steigern, indem Du ein paar Futterbrocken in den Napf füllst. Stelle sicher, dass Dein Hund genau sieht, dass sich jetzt Futter im Napf befindet. Setze den Hund erneut ein paar Schritte von seinem Futterplatz entfernt ab, gebe das „Bleib“ Kommando, entferne Dich ein paar Schritte und stelle den Napf ab. Bleibt Dein Hund nicht ruhig sitzen, nimmst Du den Napf erneut kommentarlos auf, führst den Hund zurück, setzt ihn ab, gibst das „Bleib“ Kommando und startest von vorne. Bleibt er jedoch brav und ruhig sitzen, gehst Du zu ihm zurück und gibst ihm eine Belohnung. Rufe ihn nicht zum Napf und lasse ihn in dieser Trainingsphase noch nicht aus dem Napf fressen. Deine Französische Bulldogge soll nämlich lernen, dass es sich für sie lohnt zu warten und dass ein gefüllter Napf auf dem Boden nicht bedeutet, dass sie aus ihm fressen darf. Gehe daher wieder zurück zum Napf, nehme ihn auf und stelle ihn weg, bis ihr erneut übt. Du kannst die Futtermenge langsam steigern, bis ihr schließlich bei ihrer normalen Portion angelangt seid. Erst jetzt darf Dein Hund ab und an zum Napf laufen und seine Portion fressen. Kombiniere das am besten mit einem weiteren Kommando, ich verwende hier das Kommando „Fressen". Vergiss aber nicht, auch weiterhin zu trainieren, dass Dein Hund nicht jedes Mal aus dem Napf fressen darf. Gebe ihm stattdessen für das brave Warten eine Belohnung und entferne den Napf anschließend wieder. So lernt Dein Hund, weiterhin entspannt und völlig unaufgeregt auf sein Futter zu warten und er hat keine übersteigerte Erwartungshaltung. Die letzte Steigerungsform besteht darin, dass Deine Französische Bulldogge auch vor einem Napf, der mit ihrer Lieblingsspeise (wie beispielsweise Fleischwurst) gefüllt ist, entspannt sitzen bliebt. Wenn ihr das gemeistert habt, kannst Du auch Dein Kleinkind guten Gewissens in die Fütterung Deiner Französischen Bulldogge miteinbeziehen.

Idealerweise bringst Du Deinem Kleinkind neben der Fütterung auch bei, wie es Deiner Französischen Bulldogge richtig ein Leckerchen reicht. In Folge ihres Zusammenlebens wird Dein Kind unweigerlich Deinen Hund füttern wollen und dann ist es besser, wenn es weiß, wie es geht und nicht aus Versehen ein Finger im Maul des Hundes landet. Am einfachsten gestaltet sich das, wenn Du Deinem Kind erst mal selbst zeigst, wie Du ein Leckerchen gibst. Lege dafür ein Leckerchen auf Deine flache Hand und halte diese vor Deinen Hund. Wenn Dein Kleinkind noch etwas ängstlich oder unsicher ist, kannst Du mit ihm auch zuerst ein paar Trockenübungen machen. Nehme dafür beispielsweise ein Gummibärchen, das Du ihm auf die flach ausgestreckte Hand legst und Du spielst dann den Hund, der das Gummibärchen mit dem Mund aus der Hand frisst. Hat Dein Kind die Übung verstanden, könnt ihr eure Französische Bulldogge dazunehmen. Begehe dabei nicht den Fehler, die Hand Deines Kindes führen zu wollen. So gut gemeint, wie diese Aktion ist, so wenig hilfreich ist sie in den meisten Fällen. Denn durch die festgehaltene Hand fühlen sich Kinder schnell überfordert und gestresst, da sie ihre Hand nicht einfach wieder zurückziehen können.

Es ist nicht ungewöhnlich, dass ein Kleinkind, kurz bevor der Hund das Futterstück fressen will, Angst bekommt und seine Hand wieder zurückzieht oder das Futterstück einfach fallen lässt. Hast Du Deinem Hund in diesem Fall bereits beigebracht, dass er heruntergefallenes Futter ignorieren soll, bleibt er in dem Fall ruhig sitzen und wartet ab. Hat er das bis jetzt noch nicht gelernt, kann er die Angst weiter verstärken, indem er Dein Kind jetzt bedrängt. Traut sich Dein Kind wieder, dann lasse es die Fütterung erneut probieren. Überrede es aber bitte nicht und übe keinen Druck aus. Es wird sich von allein dazu entscheiden, wenn es sich bereit fühlt. Alternativ kannst Du Deinem Kind auch sagen, dass es ein Futterstück ein paar Schritte von eurem

Hund entfernt auf den Boden legen darf. Auf sein Kommando (und gleichzeitig auch auf Deine Freigabe hin) darf euer Hund das Futter essen. Den Abstand könnt ihr langsam reduzieren, bis es sich schließlich doch traut, ihm erneut seine Hand hinzuhalten.

Was ich in einem Haushalt mit Klein- und auch Grundschulkindern nicht empfehlen kann, ist das sogenannte Futter-Fang-Spiel. Hierbei wird dem Hund ein Leckerchen zugeworfen, welches er aus der Luft heraus fangen soll. Zwar macht dieses Spiel gerade Kindern sehr viel Spaß, es kann aber auch die Impulskontrolle Deiner Französischen Bulldogge schwächen. Denn Dein Hund lernt bei diesem Spiel, dass es sich für ihn lohnen kann, schnell nach Futter zu schnappen. Das ist jedoch genau das, was Du in Verbindung mit Deinem Kind auf jeden Fall unterbinden solltest. Mein Rat lautet daher, verzichte auf das Spiel und fördere nicht das Schnappen nach Futter.

Gemeinsame Spaziergänge sind mit Kleinkindern auf jeden Fall geeignet und sollten auch gefördert werden, da die Kinder so gemeinsam mit dem Hund die Natur erkunden können. Dass sich ein Spaziergang von Kleinkind und Hund ohne weitere Begleitpersonen ausschließt, muss ich an dieser Stelle hoffentlich nicht gesondert erwähnen. Wenn Du Dein Kind auf gemeinsame Spaziergänge mitnimmst, wird es früher oder später unweigerlich verlangen, den Hund selbst an der Leine zu führen. Doch solltest Du diesem

Wunsch auch nachgeben? Bedenke dabei immer, dass Kinder noch nicht so sicher auf ihren Beinen unterwegs sind, wie wir Erwachsenen. Selbst kleine Hunde können eine enorme Kraft entwickeln, wenn sie plötzlich ein Kaninchen sehen oder sich wegen eines hupenden Autos erschrecken. Dein Kind wird eure Französische Bulldogge dabei eventuell nicht gehalten bekommen. Lässt es die Leine dann aus Schreck los, ist Dein Kind zwar außer Gefahr, aber um Deinen Hund musst Du Dich umso mehr sorgen. Die meisten Kinder tendieren jedoch nicht dazu, die Leine loszulassen, sondern klammern sich umso fester daran, da sie ihre Aufgabe, den Hund an der Leine zu führen, sehr ernst nehmen.

Aber sei unbesorgt, es gibt noch andere Möglichkeiten, wie Du Dein Kind beim Spazieren gehen miteinbeziehen kannst, ohne es derart zu gefährden. Eine Möglichkeit besteht darin, dass Dein Kind das eine Ende der Leine in die Hand gedrückt bekommt und Du noch als Puffer in der Mitte zwischen Kind und Hund agierst. Sollte Deine Französische Bulldogge plötzlich ziehen, kannst Du die Wirkung deutlich abmildern. Wenn euer Hund sehr entspannt ist und in der Regel ganz ruhig an der Leine läuft, kannst Du ab und zu auch den Platz mit Deinem Kind tauschen, sodass es in der Mitte und Du am anderen Ende der Leine gehst. Sollte euer Hund jedoch etwas stürmischer sein oder euer Kind vehement darauf bestehen, die Leine allein zu führen, besteht eine weitere Möglichkeit darin, eine zweite Leine einzusetzen. Lege Deiner Französische Bulldogge dafür neben dem Halsband auch ein Brustgeschirr an und befestige an diesem ebenfalls eine Leine. Diese Leine bekommt Dein Kind, während Du weiterhin die Leine am Halsband im Griff behältst. Dein Kind hat so das Gefühl, dass es eure Französische Bulldogge ganz allein führt, aber in Wirklichkeit hast Du noch alles im Griff. Eine Win-Win-Situation für alle.

SCHULKINDER

Schulkinder können im Vergleich zu Kleinkindern schon etwas mehr in die Versorgung des Hundes miteinbezogen werden. So kann das Schulkind beispielsweise den Platz zum Bürsten vorbereiten, indem es die Decke auslegt, die Bürste holt, den Hund ruft und diesen auf der Decke ablegt. Auch das Bürsten kann das Schulkind schon deutlich besser und gründlicher übernehmen, aber Du solltest dennoch die Hauptverantwortung für die Pflege behalten. Achte immer darauf, dass das Fell auch an den besonders anfälligen Stellen schön ordentlich und sauber ist und auch die Hautfalten keine Verschmutzung aufweisen.

Du kannst Deinem Kind jetzt auch zeigen, wie es eure Französische Bulldogge streicheln und massieren soll und bespreche mit ihm, wie es an der Körpersprache sieht, ob sich euer Hund wohlfühlt. Erkläre ihm, wo euer Hund besonders gerne gekrault wird und wo eventuell nicht. So sind meist alle knochigen Stellen (wie die Beine) zum Kraulen eher ungeeignet. Entdeckt auch gemeinsam, an welchen Stellen eure Französische Bulldogge eventuell kitzelig ist. Bei den meisten Hunden sind es die Pfoten. Wenn ihr die Haare zwischen den Pfotenballen berührt, ziehen sie meist die Pfote weg.

Schulkinder dürfen auch die Fütterung schon selbstständig – allerdings bitte in Anwesenheit der Eltern – übernehmen.

Sie dürfen das Futter in den Napf füllen, das „Bleib" Kommando geben, den Napf abstellen und das „Fressen" Kommando geben. Dabei sollten Du oder ein anderer Erwachsener immer anwesend sein, um notfalls helfend einzugreifen. Denn es kann sein, dass Dein Hund die Kommandos Deines Kindes nicht ausführt. Hier musst Du am besten unauffällig im Rücken Deines Kindes die Kommandos ebenfalls per Handzeichen wiederholen, so dass Dein Hund zwar eigentlich auf Dich achtet, Dein Kind aber glaubt, dass er auf seine Befehle reagiert.

Wichtig ist, dass Du mit einem Kind im Schulalter besprichst, dass es euren Hund immer nur füttern darf, wenn Du es sagst und Du auch dabei bist. Am besten bewahrst Du das Futter daher so auf, dass Dein Kind ohne Deine Hilfe nicht drankommt. Erkläre ihm auch, dass zu viel Futter euren Hund dick und krank macht und es sich daher an die von Dir vorgegebene Menge halten sollte. Abschließend empfehle ich Dir, dass Du mit ihm ebenfalls besprichst, was euer Hund neben seinem Futter überhaupt fressen darf und was für ihn giftig ist. Denn vieles, was für uns Menschen vollkommen unbedenklich ist, kann einen Hund krank machen. In nachfolgender Tabelle habe ich die wichtigsten und häufigsten Lebensmittel kurz aufgelistet, die für Hunde vollkommen in Ordnung oder absolut tabu sind. Ich kenne viele Familien, die zu diesem Thema ein selbstgebasteltes Plakat in der Küche hängen haben. Dafür wurden Bilder von Lebensmitteln aus Prospekten ausgeschnitten und auf das Plakat geklebt. Auf die eine Seite kommen dabei alle Lebensmittel die gut für euren Hund sind und auf die andere Seite die, die ihn krank machen können. Zur Unterstützung könnt ihr noch einen lachenden und einen traurigen Smiley auf das Plakat malen oder auch einen Daumen hoch und einen Daumen runter. So lernt Dein Kind spielerisch, was es füttern darf und wird regelmäßig daran erinnert.

In Ordnung:	Nicht gut
Apfel	Weintrauben
Birne	Rosinen
Banane	Schokolade
Möhre	Süßigkeiten
Gurke	Avocado
Kartoffel (gekocht)	Knoblauch
Nudeln (gekocht)	Zwiebeln
Reis (gekocht)	Kartoffeln (roh)
Brot	Schweinefleisch (roh)
Rindfleisch	Nachtschattengewächse
Hühnerfleisch	Geflügelknochen
	Gewürze und Salz

Dein Kind hat mittlerweile ebenfalls ein Alter erreicht, in dem es wahrscheinlich den Wunsch äußern wird, allein mit eurem Hund spazieren zu gehen. Dass ich davon in diesem Alter kein großer Fan bin, habe ich bereits an anderer Stelle erwähnt, dennoch ist es sinnvoll, Dein Kind auch in diesem

Bereich langsam an die Verantwortung zu gewöhnen. Auch wenn ich der Meinung bin, dass Dein Kind noch nicht allein mit eurer Französischen Bulldogge spazieren gehen sollte, spricht nichts dagegen, dass es den Hund bei gemeinsamen Spaziergängen an der Leine führt. Voraussetzung dabei ist natürlich, dass euer Hund ein solides Leinentraining erhalten hat und nicht zieht. Bespreche bei den gemeinsamen Spaziergängen mit Deinem Kind, worauf es zu achten hat und weise es auf potentielle Gefahrenstellen hin. Weise es insbesondere genau ein, wie es sich verhalten soll, wenn euch andere Hunde begegnen. Gebe Deinem Kind das Gefühl, dass es bereits die volle Verantwortung trägt, halte Dich aber in der direkten Nähe auf, beobachte alles und greife ein, wenn es notwendig wird. Durch eure gemeinsamen Spaziergänge erhältst Du auch ein Gespür dafür, wann Dein Kind wirklich bereit ist, allein mit eurem Hund vor die Tür zu gehen. Dafür sollte es brenzlige Situationen auch ohne Deine Hilfe problemlos gemeistert bekommen. Da es sich bei Deiner Französischen Bulldogge um eine kleine Rasse handelt, kann dieser Moment natürlich früher kommen als bei einem Bernhardiner. Bedenke dabei aber auch immer, dass Dein Hund die Kommandos Deines Kindes in Deiner Gegenwart vielleicht duldet, das heißt aber nicht, dass er das auch tut, wenn Du nicht dabei bist. Trainiere mit Deinem Kind darüber hinaus unbedingt, dass es die Leine loslassen muss, wenn Dein Hund plötzlich mit voller Energie daran zieht.

Auch wenn Du zu dem Schluss kommst, dass Dein Schulkind noch nicht allein mit eurem Hund spazieren gehen soll, kannst Du es dennoch immer mehr miteinbeziehen, zum Beispiel indem ihr euren Hund immer aktiver beschäftigt. Denn Hunde gehen nicht einfach spazieren und genießen dabei das schöne Wetter und die wunderbare Aussicht. Beides nehmen sie in der Regel gar nicht wahr. Stattdessen überprüfen sie jede Spur, schnüffeln alles ab und erforschen genau, wer sich wo wann aufgehalten hat. Das einfache neben Dir Hergehen kann für Deine Französische Bulldogge schnell langweilig werden. Wenn Du das weißt und Du Dein Kind gleichzeitig mehr einbeziehen möchtest, rate ich Dir, spannende Spiele und Entdeckungstouren in eure Spaziergänge einzubauen.

Fünf Beispiele, wie Du jeden Spaziergang interessanter gestalten kannst, habe ich hier für Dich zusammengefasst:

<u>1. Balancieren leicht gemacht:</u> Egal ob ihr im Wald oder in der Stadt unterwegs seid, an beiden Orten gibt es genügend Möglichkeiten, zu balancieren. Sucht gemeinsam einen umgefallenen Baum oder ein kleines Mäuerchen aus. Gebe Deinem Kind anschließend ein Leckerchen und lasse es euren Hund damit auf den Baumstamm oder die Mauer führen und ihn dann darüber balancieren. Zum Schluss gibt es zur Belohnung das Leckerchen. Wenn es will, kann Dein Kind natürlich ebenfalls über den Baumstamm oder die Mauer balancieren, am besten aber hinter eurem Hund.

Allein schon die Suche ist spannend und das gemeinsame Balancieren anschließend das i-Tüpfelchen.

2. Wo ist das Futter: Da Hunde Weltmeister im Schnüffeln sind, lieben sie in der Regel die Futtersuche. Diese kannst Du optimal in gemeinsame Spaziergänge mit Deinem Kind einbauen. Setze Deinen Hund dafür ab und lasse Dein Kind (zunächst in direkter Nähe) Futter auslegen. Anschließend darf es den Hund auf die Suche nach dem Futter schicken. Mit der Zeit kann das Futter nicht nur weiter entfernt ausgelegt, sondern auch besser versteckt werden. Ein Blätterhaufen, eine morsche Rinde oder auch eine Astgabelung können perfekte Verstecke darstellen. Achte bei dieser Beschäftigung aber bitte darauf, dass ihr allein seid und keine anderen Hunde zu der Zeit vorbeikommen und dass ihr auch alle Futterstücke wieder einsammelt und nichts zurücklasst.

3. Wer ist der Schnellste: Kinder und Hunde haben häufig ähnliche Vorlieben und das schnelle Laufen gehört ebenfalls dazu. Lege eine Startlinie fest, setze sowohl Dein Kind als auch Deinen Hund dort ab, gehe zum Ziel und rufe beide. Da Hunde sehr schnell sind, wird wahrscheinlich immer euer Hund gewinnen. Bringe Deinem Kind bei, dass es sich über das verlorene Wettrennen nicht ärgern soll, sondern sich stattdessen freuen kann, dass sein Hund der allerschnellste ist.

4. Hol den Ball: Apportierspiele sind eine perfekte Ergänzung für jeden Spaziergang. Trainiere das richtige Apportieren[8] am besten vorab und ohne Kind und baue es anschließend immer mal wieder und abwechslungsreich in eure Spaziergänge ein.

5. Such mich: Gebe Deinem Kind ein Leckerchen und lasse es sich in kurzer Distanz zu euch verstecken. Eure Französische Bulldogge sollte anfangs genau sehen, wo sich euer Kind versteckt. Anschließend schickst Du sie los, Dein Kind zu suchen. Sobald sie es gefunden hat, erhält sie ihr Leckerchen. Mit der Zeit könnt ihr den Schwierigkeitsgrad hierbei selbstverständlich steigern.

[8] Wie das geht, erfährst Du in Teil 2 dieser Buchreihe.

TEENAGER

Teenager sind meist entweder total vernarrt in ihren Hund oder lassen ihn aus Angst, uncool zu wirken, plötzlich links liegen. Klar ist, die meisten Teenager können schon einiges an Verantwortung für einen Hund übernehmen. Klar sollte aber auch sein, dass Du sie nicht dazu zwingen solltest, sich um euren Hund zu kümmern. Die Verantwortung für das Tier liegt schlussendlich immer bei Dir, auch wenn der Hund ursprünglich für Dein Kind angeschafft wurde. Wenn sich Dein Teenager interessiert zeigt und sich gerne um euren Hund kümmern würde, ist das natürlich optimal.

Stimmt gemeinsam ab, welche Aufgaben ihm dabei am meisten liegen. Abhängig vom Alter und natürlich auch von seiner Selbstständigkeit kann Dein Teenager sowohl das Bürsten als auch die Fütterung schon vollkommen selbstständig und ohne Deine zwingende Anwesenheit übernehmen. Voraussetzung ist bei beiden Aufgaben, dass Dein Kind mit dem Prozedere bestens vertraut ist. Es sollte genau wissen, wie der Hund zu bürsten ist, wie der Ablauf dafür ist, an welchen Stellen das Fell gerne verknotet oder wo es besonders vorsichtig sein muss. Außerdem sollte der Hund das Bürsten angenehm finden und auch bei der Fütterung entspannt und ruhig sein. Legt gemeinsam zum Beispiel eine bestimmte Zeit oder bestimmte Wochentage fest, an denen der Hund immer gebürstet werden soll.

Für Dich gilt es hierbei, einen sehr heiklen Spagat zu erfüllen. Zum einen ist es Deine Verantwortung sicherzustellen, dass euer Hund gut gepflegt wird. Auf der anderen Seite sollte Dein Kind jedoch nicht den Eindruck erlangen, dass Du ihm nicht vertraust und ständig alles kontrollierst. Überprüfe daher möglichst unauffällig, ob Dein Teenager seinen Aufgaben auch wirklich nachkommt – beispielsweise, wenn er in der Schule ist. Frage auch nicht ständig nach, ob alles erledigt ist. Du wirst es dem Fell Deines Hundes sowieso ansehen, ob es regelmäßig und ordnungsgemäß gepflegt wird. Dasselbe gilt für die Fütterung. Du wirst es merken, wenn zu viel oder zu wenig gefüttert wird. Hänge nicht wie eine Glucke über dem Napf und überwache alles.

Etwas differenzierter sehe ich die Aufgabenübernahme immer noch bei den Spaziergängen. Gerade bei eurer Französischen Bulldogge hängt es hier eher von der Selbstständigkeit und vorrausschauenden Übersicht eures Kindes ab, ob Spaziergänge alleine angebracht sind. Beobachte Dein Kind und euren Hund wirklich genau, bevor Du sie alleine Spazieren gehen lässt. Hast Du den Eindruck, dass euer Hund wirklich die Befehle eures Kindes befolgt oder holt er sich vorher nochmal schnell mit einem Blick das Okay von Dir?

Die nachfolgende Checkliste kann Dich bei Deiner Entscheidungsfindung unterstützen, ob Dein Kind und auch

Dein Hund bereit sind für Spaziergänge ganz ohne Deine Anwesenheit:

Checkliste: Kann Dein Teenager allein mit Deinem Hund spazieren gehen?

- ☐ Deine Französische Bulldogge zeigt sowohl gegenüber Artgenossen als auch gegenüber Menschen keinerlei aggressives Verhalten.
- ☐ Deine Französische Bulldogge ist beim Spaziergang entspannt und reagiert nicht auf plötzlich auftretende Reize.
- ☐ Deine Französische Bulldogge zieht nicht an der Leine und hat die Signale „Hier" und „Bleib" verinnerlicht.
- ☐ Dein Kind ist körperlich in der Lage, eure Französische Bulldogge zu halten.
- ☐ Dein Kind hält sich zuverlässig an Deine Anweisungen, was beispielsweise das An- und Ableinen bei Begegnungen mit anderen Hunden angeht.
- ☐ Dein Kind verhält sich vorausschauend beim Spaziergang und erkennt eigenständig potentielle Gefahrensituationen wie zum Beispiel Wild, Autos oder andere Hunde.

Abschließend kann Dein Teenager ebenfalls vermehrt ins Training eures Hundes einsteigen. Ein Teenager darf schon Übungen eingeständig aussuchen und mit eurem Hund trainieren. Natürlich kann es dabei sinnvoll sein, dass Du vor allem zu Beginn anwesend bist. Hierbei wird sich sehr schnell zeigen, ob eure Französische Bulldogge bereit dazu ist, Kommandos Deines Kindes zu befolgen oder nicht.

Was Du bei Deiner Französischen Bulldogge besonders beachten musst

Meiner Meinung nach harmonisiert die Französische Bulldogge durch ihr freundliches und verspieltes Wesen hervorragend mit Kindern. Dadurch können Deine Kinder auch schon früh in die täglichen Aufgaben miteingebunden werden. Im Prinzip gilt dabei nichts anderes, was nicht auch bei anderen Rassen wichtig wäre. Durch ihre geringe Körpergröße kann bei manchen Aufgaben – wie dem Spazieren gehen – schon früher Verantwortung an den Nachwuchs übergeben werden. Bei anderen Aufgaben – wie der Körperpflege – ist jedoch mehr Rücksicht erforderlich, da eine Französische Bulldogge deutlich weniger robust ist als ein Bernhardiner.

Alles in Allem eignet sich die Rasse der Französischen Bulldogge durch ihre freundliche Grundstimmung, durch ihre Offenheit und ihre starke Bindung an ihre Familie sehr gut dazu, Kinder in Aufgaben frühzeitig miteinzubeziehen.

WANN MUSST DU ALS ELTERNTEIL EINGREIFEN?

Eingreifen musst Du als Elternteil immer dann, wenn Kind oder Hund zu weit gehen oder das Kind seine Aufgaben vernachlässigt. Kommt Letzteres häufiger vor und zeigt Dein Kind kein Interesse daran, die Aufgabe ernsthaft weiter zu verfolgen, solltest Du sie wieder komplett übernehmen. Natürlich macht es aus erzieherischer Sicht Sinn, dass auch Kinder Aufgaben in der Familie übernehmen. In diesem Fall rate ich allerdings dazu, dass sich die Aufgaben Deines Kindes hauptsächlich auf den Haushalt oder Garten beziehen sollten anstatt auf eure Französische Bulldogge. Zwar ist es auch dann lästig, wenn sie nicht wie vereinbart ausgeführt werden, aber darunter leidet dann weder eure Französische Bulldogge noch die Kind-Hund-Beziehung. Bedenke daher immer, dass Du nicht nur für das Wohl Deines Kindes, sondern auch für das Wohl Deiner Französischen Bulldogge verantwortlich bist.

Achte daher vor allem zu Beginn (bei kleinen Kindern natürlich dauerhaft) darauf, dass Dein Kind richtig und umsichtig mit eurer Französischen Bulldogge umgeht. Erkläre ihm, was es machen darf, aber auch, was es auf keinen Fall machen darf, da es eurem Hund weh tun würde. An dieser Stelle möchte ich auch nochmal betonen, dass alle medizinischen Aufgaben (Augen- und Ohrentropfen, Krallenpflege, Medikamentengabe etc.) ausschließlich von Erwachsenen ausgeführt werden sollten und möglichst nur, wenn Kleinkinder nicht im Raum sind.

- Kapitel 5 -

Sonderkapitel: 10 Hundetricks für Kinder

Auf den nächsten Seiten findest Du 10 Hundetricks, die Du gemeinsam mit Deinem Kind und Deinem Hund einstudieren kannst oder die je nach dem auch schon Dein Kind ganz alleine mit eurem Hund üben kann. Findet heraus, was euch am meisten Spaß bereitet und baut darauf auf. Wer weiß, vielleicht habt ihr am Ende sogar genug Übungen einstudiert, um beim nächsten Familienfest eine kleine Vorführung zu zeigen? Ich bin mir sicher, dass sowohl Dein Kind als auch Deine Französische Bulldogge sehr viel Spaß an den nachfolgenden Tricks haben werden.

Bevor ihr startet, habe ich hier noch ein paar Tipps, die euer Training noch erfolgreicher gestalten werden:

1. Haltet die Übungen immer kurz.
2. Trainiert immer nur, wenn ihr alle gut gelaunt seid.
3. Erwartet nicht zu viel auf einmal und zu schnell.
4. Gebt das Leckerli immer erst dann, wenn euer Hund die Übung auch wirklich richtig macht.
5. Hört immer auf, wenn es am schönsten ist.
6. Wenn es mal nicht funktioniert, dann probiert es erneut, aber diesmal mit Wurst.

Abgesehen von diesen Tipps kannst Du wahrscheinlich während des Trainings auch einiges von Deinem Kind lernen.

Denn ich bin tatsächlich der Auffassung, dass viele Kinder die besseren Hundetrainer sind. Sie hören im Gegensatz zu uns Erwachsenen noch sehr stark auf ihre Intuition. Außerdem haben Sie eine große Freude am Training, was sie auch zeigen und wodurch diese sich schnell auf Deinen Hund übertragen wird. Zusätzlich sind sie meist recht großzügig, was die Leckerchenvergabe angeht, wodurch der Lerneffekt sehr groß ist und die Begeisterung des Hundes noch mehr steigt. Und zu guter Letzt halten sich Kinder überraschend genau an die Anleitung und den Übungsaufbau und erzielen damit meist schneller Ergebnisse als Erwachsene, die es häufig besser wissen und zu schnell zu viel erwarten.

Du wirst feststellen, dass die nachfolgenden Tricks in ihrer Schwierigkeit zunehmen. Daher ist es ratsam, zuerst mit den etwas leichteren Tricks zu starten. Wahrscheinlich wird Deine Französische Bulldogge 40 bis 80 Wiederholungen benötigen, bis sie versteht, was Du von ihr willst. Sollte es mal zu Rückschritten im Training kommen, bitte ich Dich, nicht die Geduld zu verlieren und schon gar nicht den Spaß am gemeinsamen Training. Auch Hunde können mal einen schlechten Tag erwischen und so kann es durchaus vorkommen, dass Deine Französische Bulldogge einen Trick, den sie am Vortag noch beherrscht hat, plötzlich komplett vergessen hat. Gehe in solchen Fällen nochmal ein paar Schritte im Training zurück und starte erneut. Das bewirkt meist Wunder!

Doch jetzt wünsche ich Dir viel Spaß mit dem Einstudieren der nachfolgenden Tricks!

TRICK 1: FUßBALL ROLLEN

Ziel der Übung:

Dein Hund rollt auf Dein Kommando einen Ball aus seinem Napf.

Vorbereitung:

Für dieses Training benötigst Du einen Ball und einen Napf. Am besten stellst Du den Napf auf einen Teppich oder eine Gummimatte, dann rutscht er nicht so schnell weg. Es ist hilfreich, wenn Dein Hund bereits verinnerlicht hat, dass er nicht direkt auf seinen Napf losstürmen darf, sobald er abgestellt wird, und dass er das „Sitz“- und „Bleib“-Kommando kennt.

Trainingsablauf:

1. Setze Deine Französische Bulldogge vor dem Napf ab, gebe ihr das „Bleib“-Kommando und zeige ihr, wie Du ein Leckerchen hineinlegst.
2. Lege jetzt den Ball auf den Napf und gebe Deinem Hund das Signal, dass er fressen darf.
3. Lasse jetzt Deinen Hund herausfinden, wie er an sein Leckerchen kommt. Wenn er nicht so richtig weiß, was er machen soll, dann hebe nochmal kurz den Ball hoch und zeige ihm erneut das

Leckerchen. Er darf zu Beginn sowohl die Nase als auch die Pfote verwenden, um den Ball zu rollen.

4. Wenn er ihn aus dem Napf gerollt hat, darf er als Belohnung das Leckerchen fressen.
5. Wiederhole die Übung und schon bald rollt Deine Französische Bulldogge den Ball wie ein Profi aus dem Napf.

Hilfestellung:

Manche Hunde schieben nicht gerne Bälle und das insbesondere, wenn es feste oder schwere Bälle sind. Wenn Dein Hund dazu gehört, kann es helfen, auf einen leichten, aufblasbaren Ball umzusteigen. Dieser lässt sich deutlich leichter bewegen (aber Achtung mit den Krallen, sonst geht der Ball schnell kaputt).

Tipp:

Dieses Spiel ist ein toller Einsteiger-Trick für jeden Hundetrainer. Außerdem stellt er eine großartige Erweiterungsmöglichkeit für andere Tricks dar. So kannst Du hiermit beispielsweise auch Trick 2 „Gehirnjogging“ noch weiter ausbauen.

TRICK 2: GEHIRNJOGGING

Ziel der Übung:

Dein Hund merkt sich, in welchem Eimer sich ein Leckerchen befindet und läuft direkt zu diesem Eimer.

Vorbereitung:

Für dieses Spiel benötigst Du drei Eimer, Becher, Schüsseln oder Näpfe. Wichtig ist, dass Dein Hund problemlos seinen Kopf hineinstecken und an die Leckerchen gelangen kann.

Trainingsablauf:

1. Zu Beginn des Trainings baust Du lediglich zwei Eimer vor Deiner Französischen Bulldogge auf. Stelle sie circa 50 cm voneinander entfernt auf.

2. Setze Deinen Hund in kurzer Distanz zu den Eimern ab und gebe ihm das „Bleib“ Kommando.

3. Zeige ihm, wie Du in einen Eimer ein Leckerchen legst.

4. Erlaube Deinem Hund jetzt, an das Futter zu gehen. Läuft er zum richtigen Eimer, darf er das Leckerchen fressen. Läuft er jedoch zum falschen Eimer, dann gebe ihm nicht noch die Möglichkeit, zum richtigen Eimer zu laufen. Lasse ihn stattdessen erneut absitzen, Du zeigst ihm erneut das

Leckerchen im Eimer und er darf es erneut probieren.

5. Wenn Deine Französische Bulldogge die Übung mit zwei Eimern problemlos meistert, kannst Du die Schwierigkeit erhöhen und einen dritten dazunehmen.

Hilfestellung:

Auch wenn dieses Spiel für Dich sehr leicht klingt, für Deine Französische Bulldogge ist es anspruchsvoll. Viele Hunde gehen automatisch zu dem Eimer, in dem das letzte Mal das Leckerchen war, auch wenn Du ihm vorher zeigst, dass Du das Leckerchen jetzt in den anderen Eimer legst. Verliere nicht die Geduld, sondern übe fleißig weiter. Er wird mit der Zeit lernen, dass Du ihm vorab den richtigen Eimer zeigst.

Tipp:

Du kannst es Deinem Hund außerdem leichter machen, wenn Du die Eimer weiter auseinanderstellst. Im Umkehrschluss erhöhst Du die Schwierigkeit, je näher die Eimer beieinanderstehen. Außerdem kannst Du die Übung, wenn Deine Französische Bulldogge sie zuverlässig ausführt, zusätzlich erschweren, indem Du auf alle Eimer wie bei Trick 1 im Anschluss einen Ball legst oder die Eimer einfach umdrehst.

TRICK 3: KUCKUCK

Ziel der Übung:

Dein Hund läuft auf Dein Kommando hin durch Deine Beine.

Vorbereitung:

Für diesen Trick benötigst Du keine weiteren Materialien.

Trainingsablauf:

1. Diesmal drehst Du Dich mit Deinem Rücken zu Deinem Hund und stellst Dich breitbeinig hin.
2. Beuge Dich nach vorne, schaue durch Deine Beine und zeige Deiner Französischen Bulldogge ein Leckerchen, das Du zwischen Deine Beine hältst.
3. Sobald sie an dem Leckerchen schnuppert oder probiert daran zu knabbern, bewegst Du Deinen Arm langsam nach vorne, so dass sie durch Deine Beine läuft. Gib ihr dabei das Kommando „Kuckuck“. Gerade zu Beginn solltest Du Deinen Arm nur langsam nach vorne bewegen, damit sie nicht wieder den Rückwärtsgang einlegt.
4. Ist Deine Französische Bulldogge zur Hälfte zwischen Deinen Beinen, kannst Du ihr schon zur Belohnung das Leckerchen geben.

5. Wiederhole die Übung immer wieder. Mit jedem Mal wird Deine Französische Bulldogge mutiger, bis sie am Ende problemlos durch Deine Beine läuft.

Hilfestellung:

Wenn Deine Französische Bulldogge zu Beginn Angst haben sollte, durch Deine Beine zu laufen, darfst Du sie auf keinen Fall dazu zwingen. Ziehe sie nicht am Halsband oder bedränge sie auf andere Art und Weise, sonst bekommt sie nur noch mehr Angst. Biete ihr stattdessen ein noch besseres Leckerchen an und sei am Anfang auch damit zufrieden, wenn sie nur ihren Kopf zwischen Deine Beine steckt.

Tipp:

Deine Französische Bulldogge verfügt über einen angeborenen Will-to-please, das heißt, dass sie Dich glücklich machen möchte. Zeige ihr daher deutlich, wie großartig Du es findest, wenn sie durch Deine Beine läuft und Du wirst sehen, dass sie diese Freude schnell teilen wird.

TRICK 4: ACHTER LAUFEN

Ziel der Übung:

Dein Hund läuft um und durch Deine Beine, so dass es von oben betrachtet wie eine Acht aussieht.

Vorbereitung:

Dieser Trick ist eine Erweiterung des Kuckuck Tricks, daher ist es sehr hilfreich, wenn Deine Französische Bulldogge diesen Trick schon beherrscht.

Trainingsablauf:

1. Stelle Dich breitbeinig rechts neben Deine Französische Bulldogge und halte in beiden Händen mehrere Leckerchen. Zeige Deinem Hund die Leckerchen, welches sich in Deiner linken Hand befindet.

2. Bewege Deinen Arm jetzt langsam in einem Halbkreis zwischen Deine Beine, so dass Deine Französische Bulldogge Deiner Bewegung folgt.

3. Deine Hände treffen sich in der Mitte zwischen Deinen Beinen, wobei Deine rechte Hand von hinten kommt. Dein Hund soll jetzt der hinteren rechten Hand folgen, welche sich halbreisförmig von der Mitte hinten zu Deiner rechten Seite bewegt.

4. Wenn er seitlich neben Dir steht, gibst Du ihm zur Belohnung ein Leckerchen.

5. Anschließend führst Du ihn mit der rechten Hand halbkreisförmig wieder von vorne zwischen Deine Beine.

6. Dort treffen sich erneut Deine beiden Hände, wobei dieses Mal die linke Hand von hinten kommt. Deine Französische Bulldogge soll jetzt Deiner linken Hand durch Deine Beine und zurück zu Deiner linken Seite folgen.

7. Dort erhält sie erneut ein Leckerchen.

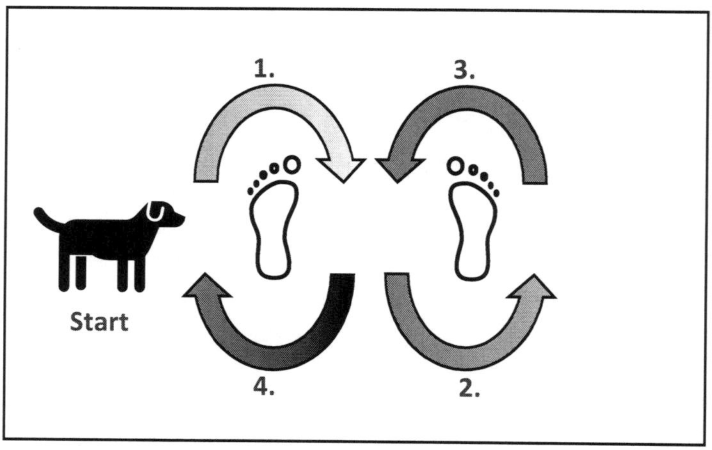

Hilfestellung:

Wenn Dein Hund zwischen Deinen Beinen nicht der neuen Hand folgt, verzweifle nicht und zwinge ihn auch nicht dazu. Bleibe stattdessen dabei und übe fleißig weiter. Irgendwann wird er verstehen, was Du von ihm willst. Ansonsten kannst Du in die zweite Hand auch ein noch besser riechendes Leckerchen nehmen als in die erste.

Tipp:

Schon bald wird es Deine Französische Bulldogge lieben, Achten durch Deine Beine zu laufen. Wenn Du den Trick jetzt auch noch mit einem Kommando verbindest, ist er der Hingucker auf jeder Familienfeier.

Trick 5: Pfoten hoch & Beten

Ziel der Übung:

Dein Hund steigt mit seinen Vorderpfoten auf ein Podest. In der Erweiterung „Beten" senkt er anschließend den Kopf zwischen die Vorderbeine.

Vorbereitung:

Für diesen Trick benötigst Du ein Podest, einen Hocker oder einen Stuhl. Er sollte einen stabilen Stand haben und von der Größe her zu Deiner Französischen Bulldogge passen (am besten nicht höher als ihr Widerrist).

Trainingsablauf:

1. Stelle den Hocker genau vor Deine Französische Bulldogge.
2. Halte ihr ein Leckerchen vor die Nase und bewege es langsam hoch über den Hocker.
3. Immer, wenn sie an das Leckerchen kommen will, hältst Du es etwas höher, sodass sie nicht mehr drankommt. Achte darauf, Deine Hand nur langsam zu bewegen, da sie sonst schnell anfängt, zu springen.

4. Irgendwann wird sie ihre Pfoten auf den Hocker stellen müssen, um an das Leckerchen zu gelangen. Wenn sie beide Pfoten auf dem Hocker hat und schön gestreckt dasteht, gibst Du ihr das Leckerchen und sagst gleichzeitig „Pfoten hoch“.

Erweiterung: Beten

5. Halte bei dieser Erweiterung in beiden Händen ein Leckerchen.
6. Gib Deiner Französischen Bulldogge das Kommando „Pfoten hoch“.
7. Lasse sie ein bisschen an dem Leckerchen, das Du über den Hocker hältst, knabbern, während Du Deine andere Hand langsam von unten zwischen ihre Beine führst.
8. Bringe langsam Deine erste Hand zur zweiten und probiere, dass Du sie wegziehen kannst und Deine Französische Bulldogge bei der zweiten Hand bleibt. Diese kannst Du, wenn Du willst, noch ein kleines bisschen zurückziehen.
9. Wenn Dir die betende Position Deines Hundes gefällt, gibst Du ihm das Leckerchen und sagst „Beten“

Hilfestellung:

Am Anfang wird Deine Französische Bulldogge es wahrscheinlich nicht so schön finden, ihren Kopf zwischen ihre Vorderbeine zu stecken. Bleibe aber dran, denn es wird sich lohnen. Wenn sie ihre Pfoten vom Hocker nimmt, um an das Leckerchen zu kommen, ist es für sie anders wohl zu schwer. Halte das Leckerchen in Deiner Hand dann näher an den Rand des Hockers und nicht so nah an die Brust Deines Hundes. Idealerweise befindet es sich dabei genau zwischen seinen Pfoten.

Tipp:

Denke daran, in beiden Händen Leckerchen zu halten, damit schaffst Du es viel schneller, dass sich Deine Französische Bulldogge für die neue Hand interessiert. Als weitere Erweiterung kannst Du Deine Französische Bulldogge auch eine Pfote heben lassen. Deiner Fantasie sind hier keine Grenzen gesetzt.

TRICK 6: REIFENSPRUNG & ROLLENDER REIFEN

Ziel der Übung:

Dein Hund springt durch einen Reifen, den Du in Deinen Händen hältst oder in der Erweiterung sogar durch einen rollenden Reifen.

Vorbereitung:

Für diesen Trick verwendest Du am besten einen Hula-Hoop-Reifen.

Trainingsablauf:

1. Halte den Hula-Hoop-Reifen vor Deine Französische Bulldogge in Bodenhöhe mit der Hand, die auf der Seite Deines Hundes ist.
2. Lasse ihn den Reifen zunächst genau beschnüffeln und mustern, damit er seine Angst vor ihm verliert.
3. Halte in der anderen Hand mehrere Leckerchen. Stecke diese durch den Reifen und locke Deinen Hund damit an und letztendlich durch den Reifen.
4. Gebe ihr für jeden Schritt in die richtige Richtung ein Leckerchen.
5. Wiederhole die Übung einige Male, bevor Du den Reifen ein kleines Stück über den Boden hältst.

Sollte sich Dein Hund dabei im Reifen verfangen, lässt Du ihn einfach fallen und versuchst es erneut. Sollte er probieren, außen um den Ring herum zu laufen, stellst Du Dich einfach in den Türrahmen, sodass rechts und links kein Platz mehr zum Vorbeilaufen ist.

6. Halte den Reifen langsam höher, sodass Deine Französische Bulldogge schlussendlich durch ihn hindurch springen muss. Gib ihr jedes Mal ein Leckerchen und sage „Hopp".

Erweiterung: Rollender Reifen

7. Halte den Reifen wieder vor Dich und lasse Deine Französische Bulldogge einige Male durch den Reifen springen.

8. Gehe anschließend sehr langsam ein paar Schritte vorwärts. Während Du den Reifen immer noch vor Dich hältst und Deine Französische Bulldogge hindurch springen lässt. Halte den Reifen jetzt aber nicht mehr so hoch, sondern fast auf Bodenhöhe. Gewöhne sie so daran, auch durch einen sich bewegenden Reifen zu laufen.

9. Jetzt bist Du an der Reihe zu trainieren. Übe (am besten zunächst ohne Deine Französische Bulldogge) den Reifen richtig zu rollen, ohne dass er sofort umfällt. Einfacher geht es meist, wenn

Du ihn Dir auf Deine Schulter (beziehungsweise Dein Schlüsselbein) stellst und von unten mit der Handfläche nach oben zeigend festhältst. Lasse ihn anschließend in nach vorne gestreckter Haltung über Deinen Arm und Dein Handgelenk auf den Boden rollen. Wenn das funktioniert, kannst Du wieder zusammen mit Deiner Französischen Bulldogge trainieren.

10. Wiederhole wieder ein paar Mal das durch den Reifen Laufen, wenn Du ihn vor Dich hältst und dabei langsam gehst. Rolle das nächste Mal den Reifen ein kurzes Stück (am besten leicht von Deiner Französische Bulldogge weg) und gib ihr das Signal „Hopp“. Wenn sie nicht versteht, was sie machen soll, wiederholst Du nochmal die vorherige Version mit dem gehenden Reifendurchlaufen und probierst es anschließend erneut. Bleib gewissenhaft dran und ihr werdet es gemeinsam meistern.

Hilfestellung:

Wenn Deine Französische Bulldogge Angst vor dem Reifen hat (zum Beispiel, weil er einmal während der Übung auf sie drauf gefallen ist), dann mache kein großes Aufheben darum. Deine Unsicherheit wird sich auf sie übertragen. Mache einfach normal weiter.

Tipp:

Gerade die Erweiterung kann etwas länger dauern als der ursprüngliche Trick. Verliere auf keinen Fall die Geduld, sondern verfestige jeden Übungsschritt, bis ihn Deine Französische Bulldogge perfekt kann und dann wird es auch mit dem nächsten Schritt funktionieren.

Wenn Du den Reifen außerdem mit buntem Klebeband verzierst, sieht er aus wie im Zirkus.

TRICK 7: KRIECH-KOMMANDO

Ziel der Übung:

Dein Hund kriecht auf Dein Kommando hin unter einem Stuhl oder einem Couchtisch durch.

Vorbereitung:

Für diesen Trick benötigst Du einen oder mehrere Stühle oder einen niedrigen Couchtisch. Wähle die Höhe so, dass Deine Französische Bulldogge nicht im aufrechten Gang darunter herlaufen kann.

Trainingsablauf:

1. Stelle einen Stuhl an die Wand. Das hat den Vorteil, dass Deine Französische Bulldogge an dieser Seite nicht einfach herauskriechen kann. Du selbst setzt Dich auf die der Wand gegenüberliegenden Seite, so dass sie auch dort nicht herauskommt.
2. Halte jetzt ein Leckerchen an das Ende des Stuhls, an dem Deine Französische Bulldogge nicht steht. Locke sie damit an. Wenn sie sich nähert, hältst Du das Leckerchen so, dass sie den Kopf unter den Stuhl stecken muss.
3. Bewege das Leckerchen jetzt langsam nach vorne, sodass Deine Französische Bulldogge unter den

Stuhl kriechen muss, um noch dranzukommen. Gebe ihr dabei das Kommando „Kriech“. Achte darauf, Deine Hand nicht zu schnell zu bewegen, da sie sonst den Rückwärtsgang einlegen wird.

4. Sobald sie komplett unter dem Stuhl durchgekrochen ist, gibst Du ihr das Leckerchen.
5. Wiederhole die Übung einige Male, bis es wirklich gut und flüssig funktioniert.
6. Wenn Du willst, kannst Du die Übung mit einem zweiten Stuhl erweitern. Gehe dabei wie bereits beschrieben vor. Nimm am besten jetzt in beide Hände Leckerchen und gebe Deinem Hund auch schon während der Durchquerung mehrere davon.
7. Wenn auch das funktioniert, kannst Du die Kriechstrecke langsam, aber sicher erweitern.

Hilfestellung:

Wenn Deine Französische Bulldogge bei dieser Übung beginnt, rückwärts zu kriechen, ist das vollkommen in Ordnung. Sie fühlt sich dann unwohl, deshalb solltest Du sie nicht daran hindern. Wiederhole die Übung stattdessen und gehe dabei vielleicht etwas langsamer vor oder gebe ihr zwischendurch schon Leckerchen.

Da Kriechen für Deine Französische Bulldogge sehr anstrengend sein kann, solltest Du darauf achten, sie nicht zu überfordern, sondern rechtzeitig die Übung zu beenden.

Tipp:

Manche Hunde bevorzugen zum Kriechen einen weicheren Untergrund. Daher kann es auch helfen, wenn ihr den Trick auf Gras oder einem weichen Teppich übt.

TRICK 8: KNIESPRUNG

Ziel der Übung:

Dein Hund springt auf Dein Kommando über Dein hochgezogenes Knie.

Vorbereitung:

Für diese Übung benötigst Du keine Trainingsutensilien. Eine lange Hose könnte aber sinnvoll sein, damit Dich Deine Französische Bulldogge nicht versehentlich kratzt.

Trainingsablauf:

1. Setze Dich auf den Boden, strecke die Beine aus und berühre mit den Fußsohlen am besten die Wand, damit Deine Französische Bulldogge nicht einfach um Deine Beine drumherum laufen kann.
2. Locke sie mit einem Leckerchen heran und bewege es langsam über Deine Beine. Auf diese Weise muss sie jetzt über Deine Beine steigen oder springen.
3. Wenn das gut klappt, winkelst Du das linke Bein an und setzt Dich auf den linken Fuß. Das rechte Bein bleibt weiterhin ausgestreckt.

4. Locke Deine Französische Bulldogge wieder mit einem Leckerchen über Dein Bein. Da sie wahrscheinlich den niedrigsten Punkt (Deinen Knöchel) wählen wird, hältst Du das Leckerchen am besten über Deinen Oberschenkel. Sage immer „Hopp", wenn sie gerade über Dein Bein steigt oder springt.

5. Als nächste Schwierigkeitsstufe kniest Du Dich jetzt auf Dein linkes Knie und lässt das rechte Bein weiterhin ausgestreckt. Dein Bein wird jetzt immer höher und daher solltest Du darauf achten, dass Deine Französische Bulldogge jetzt auch immer noch über Deinen Oberschenkel springt und nicht über den Knöchel.

6. Als letzte Steigerung winkelst Du jetzt auch noch das rechte Bein an, so dass Dein Oberschenkel waagerecht zum Boden ist. Das Knie lehnt dabei am besten gegen die Wand, so kann Deine Französische Bulldogge nicht außen herum. Falls sie probieren sollte unter Deinem Bein durchzukriechen, legst Du am besten ein Kissen darunter, das ihr den Weg versperrt.

Hilfestellung:

Manche Hunde sind etwas sensibler und wollen nicht von Beginn an über Dich drüber springen oder laufen. Gebe ihnen die Zeit, die sie brauchen, sich daran zu gewöhnen.

Belohne sie dann schon, wenn sie näherkommen oder zum ersten Mal ihre Pfoten auf Dein Bein setzen.

Tipp:

Dieser Trick funktioniert besonders gut, wenn Deine Französische Bulldogge gerade nur so vor Energie strotzt. Über daher, wenn sie besonders munter ist und nicht, wenn ihr eben erst von einem langen Spaziergang nach Hause gekommen seid.

TRICK 9: ZIRKUSSPRUNG

Ziel der Übung:

Dein Hund springt von einem Podest auf ein anderes.

Vorbereitung:

Für diese Übung ist es hilfreich, wenn Deine Französische Bulldogge bereits den Trick Pfoten hoch verinnerlicht hat. Außerdem benötigst Du zwei Podeste, die an die Größe Deiner Französischen Bulldogge angepasst sind.

Trainingsablauf:

1. Stelle die beiden Podeste direkt nebeneinander auf.
2. Locke Deine Französische Bulldogge mit einem Leckerchen auf das erste Podest, und zwar, bis sie mit allen Vieren darauf steht.
3. Bewege das Leckerchen anschließend weiter, sodass sie auf das zweite Podest gehen muss. Gebe ihr dort sofort das Leckerchen. Achte darauf, es ihr zu geben, bevor sie von dem zweiten Podest runterspringen will.
4. Stelle die Podeste langsam immer weiter auseinander, während Du die Übung wiederholst. Sie

wird sich jetzt immer mehr strecken müssen, um auf das zweite Podest zu gelangen.

5. Gib ihr das Kommando „Hopp“, wenn sie von einem auf das andere Podest springt.
6. Sollte Deine Französische Bulldogge statt auf das Podest lieber auf den Boden zwischen den beiden Podesten hüpfen, stellst Du dort am besten eine Hürde auf, die ihr das erschwert.

Hilfestellung:

Manchmal kann es vorkommen, dass Dein Hund mit je zwei Beinen auf den beiden Podesten steht und sich weigert, vor oder zurück zu gehen. Das ist normal und in Ordnung. Zwinge ihn nicht, sondern gib ihm ein Leckerchen und locke ihn mit einem zweiten Leckerchen weiterzugehen. Bleibe ruhig und gelassen, auch wenn er die Übung nicht so beendet, wie Du das eigentlich möchtest.

Tipp:

Vergrößere den Abstand bitte nur langsam und nur, wenn Du Dir sicher bist, dass sich Deine Französische Bulldogge damit wohlfühlt. Stelle darüber hinaus sicher, dass die Podeste groß genug sind und Deine Französische Bulldogge auch nach dem Sprung genug Platz auf dem zweiten Podest hat.

TRICK 10: ZAUBERTRICK

Ziel der Übung:

Dein Hund beantwortet eine Frage, die Du gestellt hast, indem er zwischen mehreren Bällen genau den richtigen auswählt.

Vorbereitung:

Für diesen Trick sollte Dein Hund das Apportieren beherrschen. Außerdem benötigst Du mehrere Tennisbälle.

Trainingsablauf:

1. Schneide in jeden Tennisball ein Loch. Das Loch sollte so groß sein, dass Du ein Leckerchen in den Ball schieben kannst, wenn Du ihn zusammendrückst. Es sollte aber nicht von allein herausfallen.
2. Beschrifte die Bälle mit den Antwortmöglichkeiten. Am einfachsten ist es, wenn Du Ja-Nein-Fragen stellst und die Bälle mit „Ja“, „Nein“ und „Vielleicht“ beschriftest. Du kannst aber auch Namen oder Zahlen verwenden oder alles andere, was Du fragen möchtest.
3. Befülle den Ball, mit der Antwort, die Du hören möchtest, mit einem Leckerchen.

4. Lege diesen Ball zusammen mit einem zweiten in kurzer Entfernung zu Deiner Französischen Bulldogge ab. Gehe zu ihr zurück und stelle ihr Deine Frage (zum Beispiel „Bin ich der talentierteste Hundetrainer aller Zeiten?“). Anschließend gibst Du ihr euer Apportierkommando, zum Beispiel „Bring“.

5. Wenn Dein Hund bereits apportieren kann, wird er ziemlich schnell verstehen, was Du von ihm möchtest. Da nur einer der Bälle mit Leckerchen gefüllt ist, ist die Wahrscheinlichkeit ebenfalls hoch, dass er als erstes zu diesem Ball läuft.

6. Gib ihm jedes Mal eine Belohnung, wenn er mit dem richtigen Ball zu Dir zurückläuft. Nimm die Belohnung aber nicht aus dem Ball, sondern habe diese bereits in der Hand. Kommt er mit dem falschen Ball zurück, nimmst Du diesen nicht an, sondern schickst ihn erneut.

7. Klappt der Trick zuverlässig mit zwei Bällen, kannst Du einen dritten hinzunehmen.

Hilfestellung:

Manche Hunde sind bei dem Trick so aufgeregt, dass sie den erstbesten Ball zurückbringen. Verliere nicht die Geduld, bleibe ruhig und fordere ihn erneut auf, Dir den Ball zu bringen. Wenn Du ein stark riechendes Leckerchen nimmst (ein Stück Käse oder Wurst), machst Du es Deinem Hund ebenfalls leichter, seine Wahl zu treffen.

Tipp:

Wenn Du den Trick bei einer Zaubervorführung zeigen möchtest, bereitest Du am besten für jede Frage ein eigenes Set an Bällen vor. So kommen Deine Zuschauer nicht so schnell dahinter, wie ihr zwei das macht.

- Kapitel 6 -

Fazit

Es ist geschafft! Du hast Dir durch die vorangegangenen Kapitel ein umfangreiches Wissen über die Beziehung zwischen Deinem Kind und Deiner Französischen Bulldogge angeeignet.

Dieses Wissen wird Dich nicht nur dabei unterstützen, schon vor Einzug des Kindes oder des Hundes die richtigen Vorbereitungen zu treffen, sondern Dich auch durch alle Altersphasen begleiten. Du weißt jetzt, wie sich die Beziehung zwischen Hund und Kind im Laufe der Zeit verändern wird und welche Aufgaben Dein Kind in der jeweiligen Altersklasse übernehmen kann. Du hast Ratschläge und Tipps an die Hand bekommen, um euren Familienalltag besser zu meistern und gleichzeitig sicherzustellen, dass kein Familienmitglied zu kurz kommt – auch nicht Deine Französische Bulldogge.

Du kennst Dich mit ihrer Körpersprach aus und weißt, wann es Zeit ist, einzugreifen. Du weißt auch, in welchen Bereichen die Rasse Deiner Französischen Bulldogge nicht ganz so optimal für Kinder geeignet ist und kannst dementsprechend reagieren.

Und zu guter Letzt hast Du einige großartige Tricks kennengelernt, mit denen Du die Beziehung zwischen Deinem Kind und Deiner Französische Bulldogge durch das gemeinsame Training noch deutlich intensivieren kannst. Für Eltern gibt es kaum etwas Schöneres, als die leuchtenden Kinderaugen zu sehen, wenn sie im Training Erfolg haben und der Familienhund ein Kunststück nach dem anderen vorführt.

Ich wünsche Dir und Deiner Familie von Herzen alles Gute und dass ihr die Tipps gut in euren Familienalltag integrieren könnt!

Alles Liebe

Deine Claudia

HAT DIR MEIN BUCH GEFALLEN?

Du hast mein Buch gelesen und weißt jetzt, wie Du Deine Französische Bulldogge am besten in Deine Familie mit Kind integrierst. Und genau deshalb bitte ich Dich jetzt um einen kleinen Gefallen. Rezensionen sind bei Amazon ein wichtiger Bestandteil von jedem angebotenen Produkt. Es ist mit das Erste, worauf Kunden schauen und nicht selten geben die Rezensionen später den entscheidenden Ausschlag ein Produkt zu kaufen oder nicht. Gerade bei der endlos großen Auswahl von Amazon wird dieser Faktor immer wichtiger.

Wenn Dir mein Buch gefallen hat, wäre ich Dir mehr als dankbar, wenn Du mir eine Bewertung hinterlässt. Wie Du das machst? Klicke einfach auf meiner Amazon Produktseite auf folgenden Button:

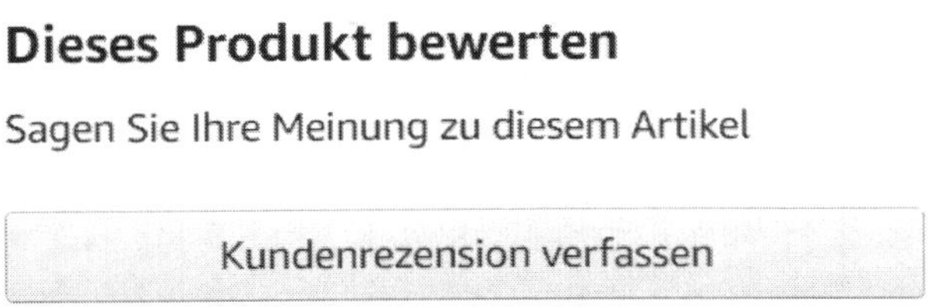

Schreibe einfach kurz, was Dir ganz besonders gut gefallen hat oder wie ich das Buch vielleicht noch besser machen kann. Es dauert nicht länger als 2 Minuten, versprochen! Du kannst Dir sicher sein, dass ich persönlich jede Rezension lese, denn es hilft mir sehr stark dabei, meine Bücher noch besser zu machen und sie genau an eure Wünsche anzupassen.

Daher sage ich Dir:

HERZLICHEN DANK!

Deine Claudia

Buchempfehlung für Dich

Hole Dir jetzt den ersten Teil und erfahre, wie Du Deinen Französische Bulldogge Welpen erziehst!

FRANZÖSISCHE BULLDOGGE ERZIEHUNG – Hundeerziehung für Deinen Französische Bulldogge Welpen

Hundeerziehung wird häufig

»... mit dem klassischen Abrichten eines Hundes verwechselt

»... nur für anspruchsvolle Hunde als notwendig erachtet

»... von Hundehaltern belächelt

»... durch antiautoritäre Erziehung ersetzt

Doch was macht Hundeerziehung aus und wofür ist sie überhaupt gut? Und wie können Deine Französische Bulldogge und Du auch völlig ohne Erfahrung davon profitieren?

Das Wichtigste ist erst einmal zu verstehen, wie ein Hund seine Umwelt wahrnimmt, was für ihn „normal" ist und wie Du das für Dich nutzen kannst. Darüber hinaus sind die Eigenheiten einer jeden Rasse entscheidend, wenn es um die spätere Erziehung geht. Deine Französische Bulldogge weist beispielsweise andere Charaktereigenschaften als ein Chihuahua auf und genau diese sind in der Hundeerziehung schwerpunktmäßig zu berücksichtigen.

Sei gespannt auf viele Hintergründe, Erfahrungsberichte, Schritt-für-Schritt-Anleitungen und Geheimtipps, die sich maßgeschneidert auf Deine Französische Bulldogge beziehen.

Hole Dir jetzt Teil 2 und erfahre, wie Du Deine erwachsene Französische Bulldogge trainierst!

FRANZÖSISCHE BULLDOGGE TRAINING – Hundetraining für Deine Französische Bulldogge

Hundetraining wird häufig ...

» ... mit der klassischen Grunderziehung des Welpens verwechselt

» ... nur für besonders begabte Hunde in Betracht gezogen

» ... als zu schwierig angesehen, um es ohne Erfahrung zu schaffen

Doch was macht Hundetraining aus und wofür ist es gut? Und wie können Deine Französische Bulldogge und Du auch völlig ohne Erfahrung davon profitieren?

Hast Du manchmal das Gefühl, dass Dein Hund zu viel überschüssige Energie hat und er von Dir, egal wie oft ihr Gassi geht, nicht richtig gefordert wird. Dann ist Hundetraining genau das Richtige für Dich. Die einfachen aber hoch effektiven Methoden des Körper- und Intelligenz-Trainings, die Du in diesem Ratgeber kennenlernst, werden Dir dabei helfen, Deine Französische Bulldogge artgerecht und noch wichtiger mit Spaß und Freude auszulasten.

Sei gespannt und erfahre:

» ... wie Du eine einzigartige Beziehung zu Deiner Französische Bulldogge aufbaust und

» ... wie Du sie nicht nur körperlich, sondern auch geistig und artgerecht auslastest.

Hole Dir jetzt Teil 3 und erfahre, wie Du Deine Französische Bulldogge richtig pflegst, ernährst und vor Krankheiten schützt!

FRANZÖSISCHE BULLDOGGE PFLEGE – Pflege, Ernährung und häufige Krankheiten rund um Deine Französische Bulldogge

Hundepflege wird häufig ...

» ... unterschätzt und als unnötig erachtet.

» ... einzig auf die Fellpflege reduziert.

Doch was macht die Pflege Deines Hundes aus und wie ernährst Du Deine Französische Bulldogge richtig? Und wie kannst Du Krankheiten und Parasiten frühzeitig erkennen?

Wenn Du wissen möchtest, wie und wie oft Du die Augen, die Ohren, das Gebiss, die Pfoten, das Fell und die Haut Deiner Französischen Bulldogge untersuchen solltest, dann ist dieser Ratgeber genau richtig für Dich. Du wirst lernen, was Du dabei zu beachten hast. Außerdem erfährst Du, worauf Du bei Fertigfutter zu achten hast und lernst auch die Vor- und Nachteile alternativer Ernährungsmethoden wie selbstgekochtem Essen, BARFen oder Vegetarismus und Veganismus kennen. Zusätzlich erhältst Du noch alle wichtigen Informationen über das Impfen und die Kastration, um darauf aufbauend entscheiden zu können, ob es für Dich und Deine Französische Bulldogge das richtige ist.

Sichere Dir noch heute dieses Buch und erfahre wie Du Deine Französische Bulldogge gesund und artgerecht ernährst und wie Du sie richtig untersuchst, pflegst und Krankheiten frühzeitig erkennst

Hole Dir jetzt das neue Mandala Malbuch mit 55 wunderschönen Hundemotiven – für Kinder und Erwachsene geeignet!

MANDALA MALBUCH HUNDE - 55 tierische Motive (Motiv Hund) zum Malen für Erwachsene und Kinder

Du liebst das Ausmalen und Hunde haben es Dir ganz besonders angetan? Oder Du bist zurzeit sehr gestresst und brauchst einfach mal einen Moment der Entspannung, einen Augenblick, in dem Du abschalten kannst und nur für Dich bist?

Mit diesem Buch erreichst Du genau das. Im Innenteil erwarten Dich 55 handverlesene Motive von Hunden, die darauf warten, von Dir zum Leben erweckt zu werden. Jedes Bild ist mit großer Sorgfalt erstellt worden und erschafft eine wunderschöne Kombination aus Tierzeichnung und Mandala.

Beim Ausmalen der Bilder wirst Du bemerken,

»... wie Du komplett in die Welt der fantastischen Mandalas eintauchst,

»... wie Dein Körper und Geist zur Ruhe kommen und

»... wie Du mit Achtsamkeit und Geduld den Stress hinter Dir lässt.

Tauche ein in die Welt der Mandalas und entdecke in diesem Malbuch 55 wunderschöne und individuelle Hundemandalas.

Lasse Deiner Kreativität freien Lauf und genieße einen Moment der Ruhe und Gelassenheit, der Dir ganz allein gehört!

QUELLENANGABEN

Rütter, Martin; Buisman, Andrea: Hund und Kind - mit Martin Rütter: So werden sie zum perfekten Team. 1. Auflage. Stuttgart: Kosmos Verlag 2017

Van Schewick, Manuela: Kind und Hund. 1. Auflage. Fürth: Filander Verlag 2012

Schlegl-Kofler, Katharina: Unser Welpe. 3. Auflage. München: GRÄFE UND UNZER Verlag 2009

Schlegl-Kofler, Katharina: Hunde-erziehung. 3. Auflage. München: GRÄFE UND UNZER Verlag 2009

Niewöhner, Imken: Auf ins Leben!: Grundschulplan für Welpen. 1. Auflage. Nerdlen: Kynos Verlag 2012

Rätke, Jana; Perfahl, Barbara: Abenteuer Welpe. 1. Auflage. Nerdlen: Kynos Verlag 2017

Millan, Cesar; Peltier, Melissa Jo: Tipps vom Hundeflüsterer: Einfache Maßnahmen für die gelungene Beziehung zwischen Mensch und Hund. 1. Auflage. München: Arkana Verlag 2009

Koring, Mel: Welpenschule: Das 8-Wochen-Training. 1. Auflage. Stuttgart: Kosmos Verlag 2018

Winkler, Sabine: So lernt mein Hund: Der Schlüssel für die erfolgreiche Erziehung und Ausbildung. 1. Auflage. Stuttgart: Kosmos Verlag 2015

Schmitt, Annette: Französische Bulldogge. 2. Auflage. Stuttgart: Eugen Ulmer Verlag 2015

Posthoff, Anne: Französische Bulldogge. 1. Auflage. Stuttgart: Kosmos Verlag 2012

Keulert, David: Kleine Hunde richtig erziehen: Kompakt und auf den Punkt gebracht. 2. Auflage. Reutlingen: Oertel & Spörer 2015

https://de.statista.com/statistik/daten/studie/157643/umfrage/todesfaelle-durch-hundebisse-nach-bundeslaendern/

IMPRESSUM

EXPERTEN
GRUPPE
VERLAG

1. Auflage

Die Inhalte dieses Buches wurden mit größter Sorgfalt erstellt. Für die Richtigkeit, Vollständigkeit und Aktualität der Inhalte kann jedoch keine Gewähr übernommen werden. Der Inhalt des Buches repräsentiert die persönliche Erfahrung und Meinung der Autorin. Es wird keine juristische Verantwortung oder Haftung für Schäden übernommen, die durch kontraproduktive Ausübung oder durch Fehler des Lesers entstehen. Es kann auch keine Garantie auf Erfolg übernommen werden. Die Autorin und der Herausgeber übernehmen daher keine Verantwortung für das Nicht-Gelingen der im Buch beschriebenen Methoden. Sämtliche hier dargestellten Inhalte dienen somit ausschließlich der neutralen Information. Sie stellen keinerlei Empfehlung oder Bewerbung der beschriebenen oder erwähnten Methoden dar. Dieses Buch erhebt weder einen Anspruch auf Vollständigkeit, noch kann die Aktualität und Richtigkeit der hier dargebotenen Informationen garantiert werden. Dieses Buch ersetzt keinesfalls die fachliche Beratung und Betreuung durch eine Hundeschule. Die Autorin und die Herausgeber übernehmen keine Haftung für Unannehmlichkeiten oder Schäden, die sich aus der Anwendung der hier dargestellten Information ergeben.

Herausgeber: GbR, Martin Seidel und Corinna Krupp, Bachstraße 37, 53498 Bad Breisig, Deutschland, Firmenemail: info@expertengruppeverlag.de, Fotos: www.depositphotos.com.

Printed in Poland
by Amazon Fulfillment
Poland Sp. z o.o., Wrocław

38385246R00134